Ulrich Dietze
Reklamationen als Chance nutzen

Ulrich Dietze

Reklamationen als Chance nutzen

Die Deutsche Bibliothek – CIP-Einheitsaufnahme

Dietze, Ulrich:
Reklamationen als Chance nutzen / Ulrich Dietze. – Landsberg/Lech :
mi, Verl. Moderne Industrie, 1997
    ISBN 3-478-24020-4

© 1997 verlag moderne industrie, 86895 Landsberg/Lech
  Internet: http://www.mi-verlag.de

Umschlaggestaltung: Daniela Lang, Stoffen
Satz: mi-Zech
Druck/Bindung: Himmer, Augsburg
Printed in Germany 240 020/099701
ISBN 3-478-24020-4

Inhaltsverzeichnis

Vorwort 11

Teil A
So gehen Sie mit Reklamationen richtig um 13

1 Was erwarten Kunden im Reklamationsfall? 15
1.1 Gute Erreichbarkeit 16
1.2 Schnelle Reaktion auf die Reklamation und
    Zwischeninformationen 17
1.3 Freundlichkeit 17
1.4 Fachkompetenz 20
1.5 Schnelle Hilfe und Problemlösung 20
1.6 Interesse, Aufmerksamkeit, Verständnis 20
1.7 Ehrlichkeit und kulantes Verhalten 21
1.8 Sich willkommen fühlen 21
1.9 Fragen an Sie 22

2 Die fünf Phasen eines professionellen
  Reklamationsgesprächs 27
2.1 Begrüßungsphase 29
    2.1.1 Begrüßung am Telefon 29
    2.1.2 Begrüßung im persönlichen Gespräch 38
2.2 Zuhör- und Aggressionsabbauphase 45
    2.2.1 Den ersten Dampf ablassen 45
    2.2.2 Wann soll man Kunden unterbrechen? 47
    2.2.3 Was bedeutet Reklamationspatenschaft? 48
    2.2.4 Verbale Angriffe und wie man damit umgeht .. 49

2.3 Konfliktbereinigungsphase 68
   2.3.1 Wie beruhigt man einen
       verärgerten Kunden? 68
   2.3.2 Wenn der erste Ansprechpartner die
       Telefonzentrale ist 74
   2.3.3 Konfliktbereinigung und
       Verständnisbereitschaft 76
2.4 Problemlösungsphase 82
   2.4.1 Wie bekommt man Informationen zum
       Reklamationshintergrund? 83
   2.4.2 Wie bekommt man Informationen zum
       Reklamationshergang? 84
   2.4.3 Wie und wann präsentieren
       wir die Problemlösung? 86
   2.4.4 Wie präsentiert man Lösungen wertgerecht? .. 90
2.5 Abspannphase 97

3 Wie verhält man sich, wenn ein Kunde droht, ... 103

3.1 … die Zusammenarbeit zu beenden 104
3.2 … zur Konkurrenz zu gehen 113
3.3 … einen Anwalt einzuschalten 118
3.4 … Zeitung, Fernsehen oder andere Medien
    zu informieren 124
3.5 … die Rechnung zu mindern oder die Zahlung
    zu verweigern 126

4 Wie bringt man eine Reklamationen zu einem
positiven Abschluß? 135

4.1 Follow-up-Gespräche 135
4.2 Vorteile und Nutzen der Follow-up-Gespräche 136
4.3 Nachteile der Follow-up-Gespräche 145

5 Wie behandelt man schriftliche Reklamationen? ... 147

5.1 Bestätigung der schriftlichen Reklamation 148

5.2. Leifaden für die schriftliche Beantwortung
von Reklamationen 152

    5.2.1 Die Anfangsformulierung 152

    5.2.2 Die Problemwiederholung 155

    5.2.3 Die Konfliktbereinigungsphase 156

    5.2.4 Die Problemlösung 158

    5.2.5 Die Schlußformulierung 160

5.3 Beispielhafte Reklamationsbeantwortung 161

**6 Reklamationen professionell erfassen
und dokumentieren** 165

**7 So lassen sich Reklamationen im
Vorfeld vermeiden** 171

7.1 Information verhindert Reklamation 171

7.2 Zulieferer- und Kollegenverpflichtung 174

7.3 Zulieferer- und Kollegenmotivation 175

7.4 Vorbeugemaßnahme: Analyse von
Reklamationsursachen 176

7.5 Firmeninterne Workshops zur
Reklamationsvermeidung 177

7.6 Was Sie sonst noch tun können 179

**Teil B
Spezielle Tips für den Reklamationsalltag** 181

**8 Wichtige Bilanz:
Warum gehen Kunden verloren?** 183

**9 Zusammenhang zwischen
Reklamationsbehandlung und Kundenbindung** 191

10 Positive und negative sprachliche Verstärker 197

**11 Wie behandelt man unberechtigte
Reklamationen richtig?** 209

11.1 Was zu unberechtigten Reklamationen
führen kann 210
11.2 Die Zwei-Gespräche-Methode bei
unberechtigten Reklamationen 214
11.3 Leitfaden für die Behandlung von
unberechtigten Reklamationen 220
11.4 Wie verhält man sich, wenn man die
unberechtigte Reklamation nicht eindeutig
nachweisen kann 223

**12 Rabatt- und Kulanzforderungen bei berechtigten
und unberechtigten Reklamationen** 227

12.1 Fragen, die Sie sich stellen sollten 227
12.2 Hilfreiche Grundregeln 229

**13 Wenn der Kunde sich über Kollegen und
Mitarbeiter beschwert** 237

**14 Der „gefährliche" Kundentyp
bei Reklamationen** 243

**15 Gut zu wissen: Was tun, wenn Kunden
nicht bezahlen?** 249

15.1 Beispiele für eine ungeschickte bzw.
    schädliche Mahnung 250
15.2 Beispiele für gutes Mahnverhalten 252

16 Protokoll einer professionell
    behandelten Reklamation 255

Anhang: Die Deutsche Vertriebsberatung
stellt sich vor 273

Literaturverzeichnis 275

Stichwortverzeichnis 277

Vorwort

In den vergangenen Jahren ist zu den Themen Umgang mit Kunden, Kundenorientierung und Kundenbindung sehr viel geschrieben worden. Wir haben uns auf jede erdenkliche Neuerung eingelassen, wir haben TQM (Total Quality Management) in unseren Betrieben installiert. Wir haben uns alle Kundenorientierung auf unsere Fahnen geschrieben. Das ist gut so und soll auch so bleiben.

Der Kunde steht immer im Mittelpunkt, ist Sinn und Zweck unseres ganzen beruflichen Handelns.

Wie verhält man sich jedoch, wenn ein Kunde berechtigt oder unberechtigt reklamiert, Mitarbeiter beschimpft, droht, nicht bezahlt und vieles mehr. All diese Realitäten finden Sie in fast keinem Buch dargestellt. Dabei bieten doch Reklamationen eine große Chance, den Kunden an Ihr Unternehmen zu binden. Das setzt jedoch voraus, daß Sie den Umgang mit dem reklamierenden Kunden wirklich beherrschen. In diesem Buch werden alle nur denkbaren schwierigen Situationen im Zusammenhang mit Reklamationen ausführlich behandelt. Fallbeispiele und zahlreiche Mustergespräche vermitteln mögliche wirksame und vernünftige Vorgehensweisen, die Sie sofort umsetzen können.

Alle in diesem Buch beschriebenen Anregungen und Tips funktionieren, denn sie sind im täglichen Umgang mit Kunden entstanden, immer wieder kritisch betrachtet und Stück um Stück verfeinert worden. Sie halten mit diesem Buch also ein Instrumentarium in Ihren Händen, das Ihnen helfen wird, Reklamationen Ihrer Kunden künftig besser, mit weniger Streß und Ärger souverän zu bewältigen.

Die in diesem Buch aufgezeigten Strategien bauen sich schrittweise aufeinander auf. Lesen Sie also am besten das Buch von Anfang an. Überprüfen und verändern Sie Ihr Verhalten ebenfalls schrittweise, dann werden Sie am Ende feststellen, um wieviel leichter Sie im beruflichen Alltag mit Ihren Reklamationen fertig werden.

Viel Spaß beim Lesen und vor allen Dingen viel Erfolg, wenn Sie Reklamationen als Chance nutzen,

wünscht Ihnen

Ihr Ulrich Dietze

Teil A

So gehen Sie mit Reklamationen richtig um

1
Was erwarten Kunden im Reklamationsfall?

Im Rahmen unserer Tätigkeit als Verkaufsförderer und Trainer führen wir pro Jahr etwa 25000 Einzelkundenbefragungen durch. Wir befragen Kunden unserer Klienten zu verschiedenen Bereichen der Zusammenarbeit wie etwa: Vertriebsqualität, Betreuungsqualität, Servicequalität u.v.m. Insbesondere führen wir spezielle Befragungen durch zum Thema „Umgang im Reklamationsfall".

Lassen Sie uns also zunächst einmal herausfinden, was die meisten Kunden im Reklamationsfall erwarten. Aus deren Erwartungshaltung kann man sehr gut ableiten, warum viele Kunden im Reklamationsfall besonders schwierig reagieren. Wenn wir wissen, was der Kunde erwartet, kann man daraus wiederum hervorragend folgern, wie das Verhalten im Regelfall aussehen müßte, um generell mit dem reklamierenden Kunden zurechtzukommen.

Die nachfolgenden Punkte sind zunächst nur die Überschriften, die ich im Anschluß noch genauer erörtern werde. Überlegen Sie aber gleich einmal beim Lesen dieser Punkte, welche Erwartungen der Kunden Sie garantiert erfüllen können, und markieren Sie diese Punkte.

Was erwarten die meisten Kunden, wenn ein
Reklamationsfall eingetreten ist?

• Gute Erreichbarkeit
• Schnelle Reaktion auf die Reklamation und Zwischeninformationen
• Freundlichkeit
• Fachkompetenz
• Schnelle Hilfe und Problemlösung
• Interesse, Aufmerksamkeit, Verständnis
• Ehrlichkeit
• Kulantes Verhalten
• Sich willkommen fühlen

1.1 Gute Erreichbarkeit

Erwarten die Kunden etwa eine 24-Stunden-Erreichbarkeit?
Nein, bis auf wenige Ausnahmen und Branchen, in denen
dies wirklich nötig ist, erwarten Kunden das nicht. Den meisten Kunden reicht es völlig, wenn sie zur angegebenen Geschäftszeit einen Ansprechpartner erreichen. Dann jedoch
sollte der Kunde ohne Probleme einen kompetenten Menschen z.B. ans Telefon bekommen. Anlaß zur Aufheizung
der Situation sind häufig sogenannte Hotlines, die so heiß
sind, daß erst nach Minuten, wenn überhaupt, jemand abnimmt.

So wird aus einem leicht verstimmten Kunden ein verärgerter Kunde. Sorgen Sie also möglichst dafür, daß Ihre
Kunden Sie im Reklamationsfall ohne Verzögerung errei-

chen können. Dann haben Sie die ersten – mit Sicherheit hinderlichen Emotionen – bereits umgangen.

1.2 Schnelle Reaktion auf die Reklamation und Zwischeninformationen

Viele Reklamationen entwickeln sich erst dann zu echten Problemfällen, wenn sie verschleppt werden. Für die meisten Kunden, die wir in diesem Zusammenhang befragen, ist es äußerst wichtig, eine schnelle Reaktion auf ihre Reklamation zu bekommen und über den Stand der Dinge auf dem laufenden gehalten zu werden. Ein kurzer Anruf nach dem Beschwerdeeingang mit dem Hinweis, daß die Angelegenheit bearbeitet wird, kann wahre Wunder bewirken. Der Kunde erkennt diese schnelle Reaktion als ehrliches Bemühen um eine Problemlösung an. Er fühlt sich darüber hinaus ernstgenommen, wenn er je nach Schwere des Falls in sinnvollen Abständen über den Fortgang der Problemlösung informiert wird.

1.3 Freundlichkeit

Freundlichkeit im Zusammenhang mit Reklamationen ist ein äußerst komplizierter Punkt. Wahrscheinlich werden Sie sich jetzt sofort an einen verärgerten Kunden erinnern, der vielleicht sogar beleidigend wurde. Da noch freundlich zu bleiben, fällt sicherlich schwer. Ob es überhaupt notwendig ist bzw. wie man sich richtig verhält, wenn ein Kunde Sie verbal angreift, werden wir in Kapitel 2.2.4 noch ganz genau untersuchen.

Jetzt erst noch ein paar wichtige Betrachtungen und Beispiele zu diesem heiklen Thema. Die meisten Kunden, die wir zu allgemeinen Bereichen der Zusammenarbeit befragt haben, gaben an, daß sie in erster Linie freundlich behandelt werden wollen. Zum Umgangston bei Reklamationen befragt, sagen viele der Kunden etwas völlig anderes. Sie erklären: „Normalerweise will ich natürlich freundlich behandelt werden, aber mit einer Ausnahme." Wir haben dann etwas verwundert nachgehakt, wann sie denn nicht freundlich behandelt werden möchten. Daraufhin kam eine verblüffende Antwort.

Ein Kunde drückte sich so aus: „Wenn ich sauer bin, weil etwas zum x-tenmal schiefgelaufen ist, und ich rufe bei meinem Zulieferer an, dann ist es mir eigentlich lieber, wenn ich ein wenig muffelig begrüßt werde, weil es mir dann viel leichter fällt, richtig Dampf zu machen." Sollte man also künftig im Reklamationsfall muffelig am Telefon reagieren, weil es den meisten Kunden in dieser Situation entgegenkommt? Natürlich nicht, begrüßen Sie Ihre Kunden grundsätzlich freundlich! Erstens wissen Sie nicht, bevor Sie den Hörer abgenommen haben, ob eine Reklamation vorliegt. Zweitens fällt es verärgerten Kunden viel schwerer, unkontrolliert Dampf abzulassen, wenn sie ungezwungen freundlich begrüßt werden. Wie Sie diese Begrüßung perfekt gestalten, erfahren Sie in Kapitel 2.1.

Was halten Sie eigentlich von der weitverbreiteten Aussage: „Bei uns ist der Kunde immer König!"? Kann man diese Aussage so stehen lassen, ist sie aktuell, ist sie überholt, oder müßte man Einschränkungen finden? Die meisten Kunden, die wir mit dieser Aussage konfrontiert haben, sagten folgendes: „Ich kann es nicht mehr hören, und außerdem will ich nicht wie ein König hofiert werden. Es reicht mir, wenn ich freundlich und partnerschaftlich behandelt werde."

Sicherlich sind Sie von dieser Antwort überrascht. Ich war es zuerst. Aber beim genaueren Hinsehen ist es doch den meisten Kunden sogar unangenehm, wenn Sie das Gefühl haben, umschmeichelt zu werden. Darüber hinaus suggeriert die Aussage Kunde gleich König auch: Der Kunde steht da ganz oben und ich kleines Licht hier unten muß ihn jetzt bedienen.

Außerdem ist der Spruch „Kunde immer König" sowieso unhaltbar. Wenn nämlich Ihr Kunde seine Rechnungen nicht bezahlt, landet die Angelegenheit irgendwann beim Rechtsanwalt. Oder wenn einer persönlich beleidigend wird, sollten Sie ihm seine Grenzen aufzeigen, denn sonst wird es mit diesem Kunden künftig immer schwerer werden, klarzukommen.

Nicht daß wir uns jetzt falsch verstehen. Wenn Sie sagen der Kunde ist wichtig, der Kunde steht bei mir im Mittelpunkt, der Kunde ist Sinn und Zweck meines beruflichen Tuns und sorgt dafür, daß ich am Monatsende mein Gehalt bekomme, dann ist das einhundertprozentig richtig.

Lassen Sie uns die Aussage „Kunde immer König" anders formulieren. Ich behandle einen fairen Kunden wie einen guten Freund, freundlich und partnerschaftlich. Diese Formulierung ist sicher stimmiger.

1.4 Fachkompetenz

Die Kunden erwarten neben guter Erreichbarkeit einen Ansprechpartner, der auf Fragen und Probleme kompetente Antworten geben kann. Unqualifizierte Mitarbeiter im Kundendienstbereich sind ein schlimmer Kundenkiller.

1.5 Schnelle Hilfe und Problemlösung

Für den Kunden ist eine schnelle, unkomplizierte Problemlösung sicher sehr wichtig. Wie viele Fälle es gibt, in denen Sie nicht sofort oder vielleicht sogar überhaupt nicht helfen können, brauche ich Ihnen nicht zu erzählen. Inwieweit die Lösung des Problems Kundenzufriedenheit schafft, spielt hier erst einmal keine große Rolle. Darüber erfahren Sie mehr im Kapitel 9. Wenn Sie dieses Buch aufmerksam lesen und die Inhalte nach und nach umsetzen, werden sie feststellen, daß die eigentliche Problemlösung gar nicht mehr das wichtigste ist.

1.6 Interesse, Aufmerksamkeit, Verständnis

Die Kunden erwarten, daß man sich für ihre Probleme interessiert. Davon gehen Sie jetzt einmal mal aus. Wie man dem Kunden dieses Gefühl gibt, ohne ihm sofort recht zu geben und ohne aus einer Mücke einen Elefanten zu machen, erfahren Sie in Kapitel 2.3.

1.7 Ehrlichkeit und kulantes Verhalten

Klare und ehrliche Aussagen Ihren Kunden gegenüber sollten kein Problem darstellen.

Die Kunden erwarten, daß man ihre berechtigten Mängel kulant behebt. Wie man eine Kulanz wertgerecht darstellt und wie man sich verhält, wenn der Kunde zu Unrecht eine Kulanz fordert, erfahren Sie im Kapitel 12.

1.8 Sich willkommen fühlen

Viele Kunden, die wir zu Reklamationen befragt haben, bemängelten folgendes: „Bis ich Kunde geworden bin, wurde ich freundlich und höflich behandelt, man hat sich um mich gekümmert. Ich habe mich mit meinem Geld immer willkommen gefühlt. Als ich dann schließlich Kunde war und eine Reklamation hatte, war ich plötzlich gar nicht mehr so willkommen. Der vorher so nette Verkäufer hatte plötzlich keine Zeit mehr für mich, ich mußte mehrmals anrufen, um überhaupt eine Auskunft zu erhalten, und der Mann, der das Gerät schließlich reparierte, versuchte mir auch noch zu unterstellen, daß ich das Gerät falsch bedient hätte."

Vielleicht haben Sie ja selbst einen ähnlichen Fall erlebt. Ich war vor einiger Zeit an einem Samstag in München unterwegs, als plötzlich mein Autotelefon ausfiel. Ich fuhr also zum nächsten Stützpunkthändler, da mir beim Kauf problemlose bundesweite Hilfe zugesagt worden war.

Als ich gegen 13.00 Uhr bei dem Händler eintraf, war ein Mitarbeiter bereits dabei, den Laden abzuschließen, obwohl

13.30 Uhr als Öffnungszeit an der Tür stand. Er öffnete netterweise noch einmal die Tür und sagte sehr freundlich zu mir: „Wenn Sie etwas kaufen möchten, können Sie gern hereinkommen, wenn Sie etwas reklamieren wollen, kommen Sie bitte am Montag wieder." Meine Begeisterung können Sie sich sicher vorstellen.

1.9 Fragen an Sie

Zurück zu unserer Ausgangsfrage, welche Punkte Sie bei einer Reklamation bereits erfüllen können. Nun, wieviel Punkte konnten Sie markieren, mehr als drei?

Frage: Können Sie wirklich garantieren, daß ein Kunde Sie immer problemlos erreicht?
Antwort: Nein!
Denn: Gute Erreichbarkeit ist schwer zu garantieren, weil viele Faktoren wie technische Möglichkeiten, Aus- oder Überlastung der Mitarbeiter u.v.m. eine Rolle dabei spielen.

Frage: Können Sie garantieren, daß Ihr Kunde eine schnelle Reaktion auf seine Reklamation bekommt?
Antwort: Ja!
Denn: Wenn Sie persönlich Einfluß auf diesen Punkt haben, sollten Sie es garantieren können. In vielen Fällen sind Sie allerdings nicht in der Lage, eine schnelle Lösung zu gewährleisten. Häufig aber liegt es an Ihnen selbst, ob Sie eine Reklamation erst einmal liegenlassen oder ob Sie den Kunden kurz darüber informieren, daß sein Problem an der

richtigen Stelle angekommen ist, und wie die weitere Vorgehensweise aussehen wird.

Frage: Können Sie garantieren, daß Sie einen Kunden freundlich begrüßen?
Antwort: Ja!
Denn: Sie könnten es für sich selbst garantieren, weil es nur an Ihnen selbst liegt, wie Sie Ihre Kunden begrüßen.

Frage: Können Sie garantieren, immer hundertprozentig fachkompetent zu sein?
Antwort: Nein!
Denn: Ich kann es meinen Kunden nicht garantieren und Sie wahrscheinlich auch nicht.

Frage: Können Sie garantieren, daß Sie einem Kunden immer weiterhelfen können?
Antwort: Nein!
Denn: Das wäre sicherlich sehr gut, ist aber meistens nicht möglich.

Frage: Können Sie garantieren, einem Kunden immer mit Interesse zu begegnen und ihn erst einmal ernst zu nehmen?
Antwort: Ja!
Denn: Sie können, wenn Sie wollen und wenn Sie wissen, wie es geht.

Frage: Können Sie immer ehrlich sein zu Ihren Kunden?
Antwort: Nein!
Denn: Sie können es tatsächlich nicht. Bitte denken Sie jetzt nicht, der Dietze hat aber eine merkwürdige Einstellung

zu seinen Kunden, denn Sie sind ja auch ein Kunde von mir. Aber es ist in der Tat so, daß Sie Ihren Kunden nicht unbedingt alles sagen sollten. Einer meiner Kunden hat es einmal so ausgedrückt: „Es besteht ein großer Unterschied zwischen bewußt anlügen und dem Verschweigen von aus meiner Sicht nicht so relevanten Tatsachen." Also, Sie müssen Ihre Kunden nicht anlügen, aber das genaue Aufklären über interne Probleme in Ihrem Unternehmen kann zu weiterer unnötiger Kundenverunsicherung führen.

Frage: Können Sie garantieren, daß Sie bei Reklamationen immer eine kulante Problemlösung parat haben?
Antwort: Nein!
Denn: Sie können es sicher nicht garantieren, denn die Bekanntmachung im Bundesanzeiger: Firma ABC GmbH war immer kulant und ist deshalb jetzt pleite, hilft keinem.

Frage: Können Sie einem Kunden das Gefühl geben, im Reklamationsfall willkommen zu sein?
Antwort: Ja!
Denn: Sie können, wenn Sie wollen und wissen, wie man es macht. Wie Sie Ihrem Kunden dieses Gefühl geben, wissen Sie spätestens nach der Lektüre dieses Buches.

Sehen wir uns also mal die Punkte an, die wir garantieren können:

- Freundlichkeit bei der Begrüßung,
- schnelle Reaktion auf die Reklamation und Zwischeninformationen,

- Interesse, Aufmerksamkeit, Verständnis,
- dem Kunden das Gefühl geben, willkommen zu sein.

Sie und ich sind bei vielen Unternehmen selbst Kunde, und Sie wissen, daß es keineswegs die Regel ist, daß man Sie im Reklamationsfall freundlich begrüßt, daß Sie eine schnelle Reaktion auf Ihre Reklamation bekommen und auf dem laufenden gehalten werden, daß man Ihnen Interesse, Aufmerksamkeit und Verständnis entgegenbringt, und es steht auch nicht auf der Tagesordnung, daß man Ihnen das Gefühl gibt, im Reklamationsfall willkommen zu sein.

Wenn Sie sich bei Ihren nächsten Reklamationsgesprächen darauf konzentrieren, diese vier Punkte konsequent einzusetzen, werden Sie feststellen, daß dadurch die Qualität Ihrer Kundenbetreuung und die Kundenorientierung Ihrer Gespräche zunehmen wird. Bevor Sie es „am lebenden Objekt" ausprobieren, sollten Sie aber erst aufmerksam die nächsten Kapitel lesen, denn hier werden Sie erfahren, wie Sie die angesprochenen Punkte professionell umsetzen können.

2
Die fünf Phasen eines professionellen Reklamationsgesprächs

Sehr einfach wäre es, wenn ich Ihnen sagen könnte, Sie müssen sich künftig nur an den folgenden Gesprächsleitfaden halten, dann haben Sie nie wieder Probleme bei Reklamationen. Das ist leider nicht möglich, denn man kann solche Gespräche nicht in Schablonen pressen, da zum einen die Problemfelder zu unterschiedlich sind und zum anderen auch die Kunden unterschiedlich reagieren.

Aber genau wie es beispielsweise in einem Verkaufsgespräch eine logische Vorgehensweise gibt, die in der Mehrzahl der Fälle zum gewünschten Erfolg führt, nämlich daß der Kunde den Vertrag unterschreibt, bestellt o.ä., so gibt es auch für das Reklamationsgespräch einen Leitfaden, an den man sich gedanklich halten kann und der dazu führt, daß der Kunde sich beruhigt und einer bestimmten Lösungsmöglichkeit besser zugänglich ist.

Dieser Gesprächsleitfaden gilt für die Reklamationsbehandlung am Telefon und im persönlichen Gespräch sowie in leicht abgewandelter Form auch für die schriftliche Behandlung von Reklamationen. Er umfaßt zunächst einmal fünf Phasen, die sich zwar im Moment etwas theoretisch anhören, aber wir werden sie gleich gemeinsam mit Leben füllen. Lassen Sie mich hier die einzelnen Phasen umreißen:

Begrüßungsphase: Das ist die Phase des Gesprächs, in der wir im Zusammenhang mit der Reklamation den ersten Kontakt zum Kunden haben, per Telefon oder im persönlichen Gespräch. Hier entscheidet es sich bereits oft, ob sich ein destruktives Streitgespräch oder ein konstruktives Gespräch aus der Reklamationssituation heraus entwickelt.

Zuhör- und Aggressionsabbauphase: In dieser Phase des Gesprächs erläutert der Kunde seine Probleme. Der eine Kunde leise und sachlich, der nächste Kunde vielleicht laut schimpfend. Dieser Teil gehört zu den schwierigsten Phasen im gesamten Reklamationsgespräch, da hier oft geballte Emotionen vom Kunden regelrecht angerollt kommen. Sie können sich steigern bis zu persönlichen Beleidigungen.

Konfliktbereinigungsphase: In dieser Phase werden Sie lernen, wie man einen verärgerten Kunden professionell beruhigt, wie man ihn von seiner hohen emotionalen Ebene auf eine sachliche Gesprächsebene bringt.

Problemlösungsphase: Das ist der Teil der Reklamationsverhandlung, in dem es darum geht, Lösungen so zu präsentieren, daß der Kunde sie akzeptiert.

Abspannphase: Hier geht es darum, dem Kunden das Vertrauen zu vermitteln, daß er sich auf die vorgeschlagene Problemlösung und auf Sie verlassen kann.

Wir werden jetzt gemeinsam sehr detailliert die einzelnen Phasen untersuchen. Dabei versuchen wir herauszufinden, in welchen Bereichen des Reklamationsgesprächs bei Ihnen noch Verbesserungen möglich sind. Machen Sie sich am besten Notizen im Text, damit Sie die Punkte, die Sie verändern möchten, schnell wiederfinden.

2.1 Begrüßungsphase

Denken Sie bitte nicht, daß ich Sie für einen Laien halte. Auch wenn Sie kein Berufsanfänger sind und wahrscheinlich schon einige Erfahrungen im Umgang mit Kunden haben, empfehle ich Ihnen, trotzdem die nächsten Seiten sehr aufmerksam zu lesen. Erst wenn wir vorher geklärt haben, wie ein Reklamationsgespräch beginnt und wie wir es von Anfang an in die richtigen Bahnen lenken, kann ich Ihnen erklären, wie Sie z.B. mit einer Anwaltsdrohung umgehen. Wie gesagt, die Inhalte in diesem Buch bauen sich stufenweise auf. Vergleichen Sie also am besten die folgende Vorgehensweise mit Ihrer eigenen. Anschließend überprüfen Sie, inwieweit sie zu verbessern ist.

2.1.1 Begrüßung am Telefon

Wir gehen von der Situation aus, daß Ihr Telefon klingelt, und Sie zu 99% davon ausgehen können, daß ein Kunde in der Leitung ist.

Wann gehen wir ans Telefon?

Wenn Sie nur eine Amtsleitung haben und nicht mehrere (z.B. Zentrale), sollten Sie tatsächlich nicht unbedingt beim ersten Klingeln abnehmen. Warum? Weil Sie damit dem Kunden das Gefühl geben, Sie hätten nur auf seinen Anruf gewartet. Es kann dann schwer werden, einem ausschweifend erzählenden Kunden zu verdeutlichen, daß Sie wenig Zeit haben. Selbstverständlich ist es besser, ein bißchen zu früh ans Telefon zu gehen, also nach dem ersten Klingeln, als nach dem fünfzehnten. Falls Sie aber die Wahl haben, sollten Sie es zweimal klingeln lassen und dann den Hörer abnehmen.

Wie meldet man sich professionell am Telefon?

Zum Thema „Meldung am Telefon" gibt es mittlerweile ganze Expertenteams, die sich damit beschäftigen. Ich will Ihnen ein Beispiel nennen:

„Deutsche Vertriebsberatung in Mettmann, schönen guten Morgen! Mein Name ist Ulrich Dietze! Was kann ich für Sie tun?"

Diese Meldeform findet in letzter Zeit immer häufiger Anwendung. Sollten Sie eine ähnliche Meldung verwenden, nehmen Sie mir bitte meine persönliche Meinung nicht übel. Ich finde sie erstens viel zu lang, zweitens klingt sie irgendwie auswendig gelernt und drittens ist die Formulierung „Was kann ich für Sie tun?" verfrüht angebracht, da ich noch nicht weiß, wer am Telefon ist und worum es sich handelt.

*Welche Meldeformen gibt es, und wie kommen sie
beim Kunden an?*

„ABC GmbH!" (nur Firmenname)
- Zu kurz – wird von den meisten Kunden als recht unfreundlich empfunden.

„Müller!" (nur Eigenname)
- Zu kurz - wird ebenfalls von den meisten Kunden als eher unfreundlich empfunden. Auch wenn der Kunde auf einer direkten Durchwahl anruft, sollten Sie zumindest noch einen Gruß hinzusetzen, am besten einen, aus dem die Tageszeit hervorgeht (guten Morgen, guten Tag).

„ABC GmbH, mein Name ist Jutta Müller, guten Tag!"
- Sehr lang – ist aber zu empfehlen, wenn der Firmenname ein Eigenname ist (Firma Meier, mein Name ist Müller, guten Tag!).

„ABC GmbH, mein Name ist Jutta Müller, guten Tag. Was kann ich für Sie tun?"
- Viel zu lang - wird von den meisten Kunden als auswendig gelernt empfunden.

„Jaaa"
- Ist die schlimmste aller möglichen Meldeformen am Telefon. Sie wird heute leider immer noch bei direkten Durchwahlen benutzt.

31

"ABC, Müller, guten Tag!"
- Kommt bei den meisten Kunden am besten an, wenn es freundlich gesprochen wird. Falls die Kunden direkt in der Telefonzentrale landen und weitschweifig ihre Probleme vortragen, ist es sinnvoll, den Eigennamen durch Zentrale zu ersetzen. So begreift der Anrufer meistens sofort, daß er verbunden werden muß.

Warum ich persönlich immer die Tageszeit (damit meine ich natürlich nicht die Uhrzeit, sondern wie bereits oben erwähnt z.b. guten Tag) in die Meldung einbaue, erkläre ich Ihnen gleich. Viel wichtiger als der genaue Wortlaut ist natürlich die Art und Weise der Meldung.

Wie sollte sich eine Meldung am Telefon anhören?

Sie sollte grundsätzlich deutlich und vor allen Dingen freundlich vorgebracht werden. Aber wie schaffen wir es, daß sich eine Meldung freundlich anhört? Sie können Ihre Stimme anheben, Sie können versuchen sich positiv einzustimmen u.v.m.

Einfacher ist es, wenn Sie grundsätzlich mit einem Lächeln ans Telefon gehen. Warum lächeln, werden Sie sich jetzt vielleicht fragen, der Kunde kann es doch am Telefon gar nicht sehen. Er kann es aber hören. Ihre Meldung wird sich immer freundlich anhören, wenn Sie sie mit einem natürlichen Lächeln vorbringen. Sie können tatsächlich davon ausgehen, daß von den meisten Kunden jede Meldung, die ohne ein Lächeln vorgebracht wird, immer als eher unfreundlich bis arrogant interpretiert wird.

Wie Sie sich selbst dazu bringen, am Telefon zu lächeln, überlasse ich Ihnen. Ein Kunde hat mir einmal erzählt, daß er sich einen Spiegel auf den Schreibtisch gestellt hat und er automatisch lächelt, wenn er sich selbst sieht. Wie Sie es machen, ist nicht so wichtig. Wichtig ist, daß Sie lächeln!

Warum ist eine freundliche Meldung so wichtig?

Einer meiner Kunden, ein großer Reiseveranstalter, hat eine spezielle Reklamationsabteilung. In dieser Abteilung arbeiten 16 Damen und Herren. Jeder von ihnen bekommt pro Tag etwa 80 zum Teil regelrecht schreiende Kunden ans Telefon. Ein wirklich harter Job. Wir haben getestet, was passiert, wenn man es schafft, tatsächlich jeden Anrufer freundlich zu begrüßen. Die Reaktionen waren zum Teil verblüffend.

Einige wenige Kunden haben nach der freundlichen Begrüßung gestockt und sagten dann: „Tja, äh, ich habe soviel Ärger gehabt im Urlaub, aber Sie können ja nichts dafür. Ich erzähle Ihnen mal, was alles passiert ist." Diese Reaktion sprechen natürlich nur ganz wenige Kunden aus, aber Sie können in jedem Fall davon ausgehen, daß es bei den anderen Kunden genauso ist.

Je freundlicher die Meldung beim Kunden ankommt, um so schwerer fällt es gerade verärgerten Kunden, unkontrolliert loszubrüllen.

Wenn bei Ihnen heute abend zu Hause das Telefon klingelt und Sie etwas brummelig abnehmen, dann wird Ihre beste Freundin oder Ihr bester Freund als erstes sagen: „He, was ist denn mit Dir los?"

Ein Kunde, den Sie grantig begrüßen, wird das kaum sagen, außer vielleicht Sie kennen ihn bereits sehr gut. Ein Kunde, der zum ersten Mal bei Ihnen anruft, wird erst recht nichts dazu sagen. Er wird aber dieses Verhalten im schlimmsten Fall persönlich nehmen und sich unfreundlich behandelt fühlen. Wenn dieser Kunde dann auch noch eine Reklamation hat, verläuft dieses Gespräch garantiert noch schwieriger, als es ohnehin schon ist.

Warum sollten Sie einen tageszeitlichen Gruß
in die Meldung einbauen?

Es gibt bestimmt Tage, an denen Ihnen das Lächeln schwerfällt. Wir sind alle Menschen und keine Maschinen. Wenn ich nach einem stressigen Arbeitstag müde ans Telefon gehe und mich melde: „Deutsche Vertriebsberatung, Dietze!", dann hört sich das möglicherweise nach einer mittelschweren Depression an. Wenn ich aber sage: „Deutsche Vertriebsberatung, guten Tag!", und ich dabei die Stimme etwas anhebe, hört sich diese Meldung immer positiv an, auch wenn Sie ohne ein Lächeln vorgebracht wird.

Was sollten Sie so schnell wie möglich herausfinden?

Richtig, den Namen des Kunden. Damit wir ihn mit seinem Namen ansprechen können. Es gibt nichts, was Menschen – und erst recht Kunden – lieber hören als ihren eigenen Namen, möglichst richtig ausgesprochen.

Übertreiben Sie aber nicht, fangen Sie nicht jeden Satz mit dem Kundenamen an. Benutzen Sie ihn aber mindestens dreimal in einem Gespräch. Einmal bei der Begrüßung: „Guten Tag, Herr Meier!", einmal zwischendurch: „Frau Sommer, ich schlage Ihnen folgende Lösung vor!" und einmal am Schluß des Gesprächs: „Danke für Ihren Anruf, tschüs Frau Müller!" Probieren Sie es einmal ganz bewußt aus, Sie werden feststellen, daß Ihre Gespräche viel besser beim Kunden ankommen.

Zwei Ausnahmen gibt es bei der Namensnennung: Ist der Name des Kunden so kompliziert, daß Sie ihn nicht über die Lippen bringen, ohne sich die Zunge zu verknoten, lassen Sie ihn besser weg.

Und falls der Name so komisch klingt, daß Sie sich vor Lachen biegen könnten, hilft auch nur weglassen. Aber sonst gilt: Sprecke deine Kunden mit ihrem Namen an, sie werden sich besser behandelt fühlen.

Wie fragt man richtig nach dem Namen des Kunden?

Wie verhält man sich, wenn man den Namen nicht richtig oder gar nicht verstanden hat bzw. der Kunde ihn nicht genannt hat?

Grundsätzlich gilt: Fragen Sie nach dem Namen, wenn das Kundenverhalten es zuläßt. Damit ist gemeint, wenn Sie noch bei Ihrer Meldung sind, und der Kunde schreit sofort aggressiv los, sollten Sie ihn keineswegs gleich mit „Halt stopp, ich habe gerade gelernt, daß ich unbedingt zuerst ihren Namen erfragen muß!" unterbrechen. Kunden, die erst einmal Dampf ablassen wollen, fragen Sie einfach so früh wie möglich nach ihrem Namen. Das bedeutet, nachdem er sich seinen ersten Frust von der Seele geredet hat. Vermeiden sollten Sie jedoch, zehn Minuten mit einem Kunden zu sprechen, und am Ende zu fragen: „Oh, wie war ihr Name noch mal?"

Um nach dem Namen zu fragen, verwenden Sie einfach eine Frageform, die Ihnen besonders gut liegt. Ich frage meistens nicht, sondern fordere den Kunden auf: „Sagen Sie mir bitte Ihren Namen noch einmal!" Das sage ich auch, wenn der Kunde seinen Namen vorher nicht genannt hat, da dies den meisten Kunden nicht mehr bewußt ist. Finden Sie den Namen des Kunden heraus, aber stellen Sie bitte nicht die Frage: „Wie war Ihr Name nochmal?" In meiner Fachsprache nennt man das die Sterbeform! – ein Begriff, der für sich spricht.

Wie verhält man sich, wenn man den Namen jetzt immer noch nicht verstanden hat? Noch einmal fragen ist nicht so geschickt. Ich biete dem Kunden dann das Buchstabieren an: „Tut mir leid, ich habe ihn noch nicht verstanden, können Sie mir Ihren Namen bitte buchstabieren!?" Die Voraussetzung dafür ist, wie gesagt, daß der Kunde es vom Verhalten her zuläßt.

Ich weiß nicht, wie es um Ihr Kurzzeitgedächtnis bestellt ist, ich jedenfalls habe mir angewöhnt, den Namen des Kunden sofort aufzuschreiben. Denn sobald der Kunde ein paar Sätze weitergesprochen hat, habe ich den Namen wieder vergessen. Dann noch einmal rückzufragen, wäre wirklich peinlich.

Wie verhält man sich, wenn ein Dauerkunde seinen Namen nicht nennt, weil er voraussetzt, daß Sie sich an Ihn erinnern? Das hört sich ungefähr so an: „Tag, Frau Müller, wie geht's?" Sie könnten natürlich zu dem Kunden sagen: „Sie müssen schon entschuldigen, aber ich betreue 625 Kunden, mit wem spreche ich denn?" Der Kunde würde sich sicherlich zu Recht zurückgesetzt fühlen. Machen Sie es etwas geschickter: „Ich kann mich sehr gut an Ihre Stimme erinnern (auch wenn das etwas gemogelt ist), aber helfen Sie mir doch mal mit Ihrem Namen." Probieren Sie es einmal aus!

Fassen wir zusammen

Wir haben uns freundlich am Telefon gemeldet: „Deutsche Vertriebsberatung, Dietze, guten Tag!" Der Kunde hat seinen Namen genannt, und wir haben ihn verstanden: „Müller, guten Tag, Herr Dietze!" Was könnten wir nun tun, um die Begrüßungsphase so positiv wie möglich abzuschließen? Es ist ganz einfach, wiederholen Sie einfach noch einmal den Namen des Kunden und den tageszeitlich Gruß.

- Eine Möglichkeit, wenn ich den Kunden noch nicht kenne, ist: „Guten Tag, Herr Müller! Was kann ich für Sie tun?" Zu diesem Zeitpunkt kommt diese Frage positiv als aktives Anbieten von Hilfe beim Kunden an und nicht als Phrase, wie anfangs in der Meldung.
- Eine Möglichkeit, wenn ich den Kunden bereits kenne, ist: „Guten Tag, Herr Müller! Wie geht's?" Auch wenn der Kunde sich fest vorgenommen hat, mich nicht zu Wort kommen zu lassen, bringe ich diese Aussage immer unter, obwohl ich den Kunden damit im Prinzip unterbreche.

Warum mache ich das so? Nun, die erste Hemmschwelle für Kunden, unkontrolliert loszuschreien, ist die freundliche Begrüßung. Die zweite ist das Wiederholen seines Namens und der tageszeitliche Gruß. Falls ich den Namen nicht verstanden habe, und ich merke, daß der Kunde verärgert ist und gleich reklamiert, bringe ich auf jeden Fall ein zweites „Guten Morgen" unter, weil ich damit den Kunden ein wenig ausbremse.

Richtig professionell reagieren Sie, wenn Sie den Kunden gut kennen und am Klang seiner Stimme erkennen können, wie er gestimmt ist. Wenn mich ein mir gut bekannter Kunde anruft und das „Guten Tag, Herr Dietze!" reserviert oder sogar unfreundlich klingt, dann kommt von mir: „Guten Tag, Herr Müller! Was ist denn passiert?" Es ist wirklich erstaunlich, wie viele Kunden sich durch dieses sensible Verhalten bereits deutlich beruhigen. Es funktioniert hervorragend.

Der Punkt Freundlichkeit bezieht sich hier im Zusammenhang mit Reklamationen nur auf die Freundlichkeit für den kurzen Augenblick der Begrüßung. Da Sie nun die Bedeutung dieser Moments kennen, sollte freundliches Begrüßungsverhalten für Sie kein Problem mehr darstellen.

2.1.2 Begrüßung im persönlichen Gespräch

Die Begrüßung im persönlichen Gespräch unterliegt besonderen Gesetzmäßigkeiten. Nehmen wir einmal an, Sie fahren zu einem Kunden oder der Kunde kommt zu Ihnen und hat eine Reklamation. Wir gehen im folgenden davon aus, daß Sie den Kunden noch nicht kennen. Mit einer professionellen

Begrüßung wollen wir erreichen, daß sich der Kunde willkommen fühlt, und wir wollen möglichst schnell einen positiven Draht zum Kunden aufbauen. Dazu gehören mehrere Schritte:

Freundlich begrüßen

Gehen Sie offen auf den Kunden zu, und begrüßen Sie Ihn mit einem Lächeln. Ob Sie Ihre Kunden per Handschlag begrüßen, hängt von den Gepflogenheiten Ihrer Branche ab. Wenn es üblich ist, sollte der Händedruck weder zu weich ausfallen, noch sollten Sie dem Kunden beweisen, daß Sie der Stärkere sind, indem Sie seine Hand zum Knacken bringen. Ich persönlich begrüße Kunden grundsätzlich per Händedruck und habe damit bisher ausschließlich gute Erfahrungen gemacht. Ein Handschlag vermittelt dem Kunden das Gefühl, daß er bei einer Reklamation genauso willkommen ist, wie bei seinem Einkauf.

Hier ein Beispiel für einen nicht so gelungenen Empfang eines Kunden (der noch nicht einmal reklamieren wollte): Vor einiger Zeit habe ich eine Videoausrüstung für den Einsatz in Schulungen gekauft. Diese Ausrüstung funktionierte perfekt, und da ich mit dem Verkäufer bestens zurechtkam, ging ich wieder in dieses Geschäft, als ich eine weitere Ausrüstung benötigte. In dem Geschäft fand ich dann auch nach einigem Suchen meinen Verkäufer. Ich ging auf ihn zu und begrüßte ihn. Da er mich nicht sofort einordnen konnte, sagte ich zu ihm: „Guten Tag, mein Name ist Dietze, ich habe vor sechs Wochen bei Ihnen eine Videokamera gekauft ..." Bevor ich meinen Satz zu Ende bringen konnte, sagte der Ver-

39

käufer zu mir: „Tut mir schrecklich leid, aber für Reklamationen bin ich nicht zuständig, da müssen Sie schon in die Kundendienstabteilung gehen." Da mich dieser Verkäufer beim ersten Einkauf wirklich gut bedient hatte, klärte ich sein Mißverständnis auf und kaufte auch die weitere Videokamera bei ihm.

Dieses Beispiel macht folgendes besonders deutlich. Eine Reklamation von vornherein anzunehmen und dann auch noch so abwiegelnd zu reagieren, ist einfach nicht professionell. Selbst wenn ich eine Reklamation gehabt hätte, sollte die Reaktion sicherlich anders ausfallen. Wie, das erfahren Sie auf den nächsten Seiten.

Halten Sie Augenkontakt mit dem Kunden

Achten Sie einmal darauf, wenn Sie selbst als Kunde persönlich bedient werden. Der Verkäufer macht auf Sie einen unsicheren Eindruck, wenn Sie ihm in die Augen schauen und er Ihrem Blick ständig ausweicht. Halten Sie daher stets souverän Augenkontakt! Es gibt allerdings zwei Ausnahmen.

Die erste Ausnahme: Wenn Sie einen sehr schüchternen Kunden vor sich haben, der Ihrem Blick verzweifelt ausweicht, sollten Sie nicht versuchen, ihn zu fixieren wie die Schlange das Kaninchen. Sie müssen den Augenkontakt hier nicht erzwingen. Die zweite Ausnahme: Wenn der Kunde einen starken Silberblick hat, versuchen Sie nicht herauszufinden, mit welchem Auge er Sie ansieht, sondern schauen Sie ihm einfach auf die Nasenwurzel zwischen den Augen. Das ist ein bewährter Trick, der ausgezeichnet funktioniert.

Beurteilen Sie einen Kunden nie nach seinem Äußeren

Nehmen wir an, jemand betritt Ihr Geschäft, oder Sie treffen im Unternehmen eines Kunden auf eine Person, die Sie nicht kennen. Diese Person trägt eine so erbärmliche Kleidung, daß Sie sich beim besten Willen nicht vorstellen können, daß dieser arme Mensch ein Kunde ist. Doch Vorsicht, bevor Sie eventuell sogar mitleidig Kleingeld heraussuchen. Das könnte peinlich werden. Gewöhnen Sie sich besser an, Kunden niemals nach ihrem Äußeren einzuschätzen. Man kann sich wirklich sehr schnell in ein Fettnäpfchen setzen. Ich habe ein sehr schönes Beispiel dafür.

Vor einiger Zeit war ich mit einem guten Kumpel Tennis spielen. In der Tennishalle funktionierten an diesem Tag die Duschen nicht, so daß wir ungeduscht und mit verschwitzten Haaren den Heimweg antreten mußten. Auf dem Weg nach Hause fuhren wir an einem großen Autohaus vorbei, und mein Freund wollte mal eben nachfragen, ob die neue X-Klasse schon da ist. Er war seit vielen Jahren Kunde bei diesem Autohaus. Wir gingen also frohen Mutes in den Verkaufsraum, und er suchte nach seinem Verkäufer. Dieser hatte aber gerade Urlaub, so daß nur andere Verkäufer anwesend waren. Keiner von ihnen machte sich die Mühe, uns vernünftig anzusprechen.

Einer rief quer durch den Ausstellungsraum: „Prospekte sind im Moment alle, fragen Sie doch in drei Wochen noch mal nach", drehte sich um und ging seiner Wege ... Wenn man aus diesem Grund einen guten Kunden verliert, hat man es gewiß nicht besser verdient.

Es gibt eine Menge Kunden, die sich sogar einen Spaß daraus machen, unangepaßt gekleidet einkaufen zu gehen, um die Reaktionen der lieben Mitmenschen zu testen. Darüber hinaus gibt es viele Kunden, die wohl genug Geld haben, aber einfach keinen Wert auf ihr Äußeres legen. Doch nun zurück zu unseren Reklamationen.

Separieren Sie verärgerte Kunden!

Ein verärgerter Kunde kann neben dem eigentlichen Reklamationsvorgang eine Menge zusätzlichen Ärger machen, und zwar immer dann, wenn andere unbeteiligte Kunden von dieser Reklamation erfahren. Dazu ein Beispiel:

Meine Frau wollte einige Überweisungsaufträge bei unserer Bank abgeben, an einem Freitag gegen 15.30 Uhr. In der Bank war einiges los, und es bildete sich eine kleine Schlange vor dem Schalter. Der nächste Kunde, der an der Reihe war, reklamierte lautstark, daß man ihm zuviel Kontoführungsgebühr berechnet hätte. Was nun geschah, war äußerst interessant. Schlagartig waren alle anderen Kunden mucksmäuschenstill, und sie verfolgten das Gespräch des Kunden mit der Bankangestellten mit gespannter Aufmerksamkeit. Die Kunden, die gerade Kontoauszüge gezogen hatten, studierten diese noch einmal genau. Die Bankmitarbeiterin reagierte nicht sehr professionell, denn sie ließ sich mit dem Kunden auf eine Diskussion ein. Worauf der Kunde sich immer mehr aufregte. Die Schlange am Schalter wurde länger und länger, bei den anderen Kunden machte sich langsam Unruhe breit. Schließlich verließ der verärgerte Kunde erbost die Bank. Die Mitarbeiterin schaute an die Decke und murmelte irgend etwas in Richtung: „Gott sei Dank, daß das nicht unser einziger Kunde ist."

Abgesehen von dieser unprofessionellen Reaktion wäre es hier sicher richtig gewesen, den Kunden, nachdem er seine Reklamation geäußert hatte, zu separieren. Die Mitarbeiterin hätte ihn an einen Nebentisch bitten und dort die Sache unter vier Augen klären sollen. Ein anderer Kollege hätte derweil die Kunden am Schalter bedienen können.

Sie müssen Kunden nicht zwangsläufig separieren. Ist es ein einfach zu lösendes Problem, macht es sicher sogar einen guten Eindruck, wenn Sie das Problem vor anderen Kunden lösen. Sollte es aber um Konditionen, Preise oder spezielle Lieferbedingungen gehen, ist es sinnvoll, diese Gespräche separat zu führen, um nicht sofort weitere Reklamationen durch dabeistehende Kunden vorzuprogrammieren.

Bieten Sie Ihren Kunden Komfort an

Wenn Sie die Möglichkeit haben, dem Kunden einen Kaffee oder ähnliches anzubieten, sollten Sie das in jedem Fall tun. Des weiteren dürfte es eine Selbstverständlichkeit sein, daß der Kunde nicht zehn Minuten irgendwo herumsteht, sondern daß er einen Sitzplatz angeboten bekommt. Falls Kunden häufiger länger warten müssen, sind ein paar aktuelle Zeitungen in der Besucherzone gute Zeitvertreiber.

Wie sollte Ihr Erscheinungsbild aussehen?

Wir haben gelernt, daß wir Kunden nicht aufgrund von Äußerlichkeiten beurteilen sollen. Was aber macht ein neuer Kunde garantiert mit Ihnen, wenn er das erste Mal auf Sie

43

trifft? Natürlich, er wird Sie erst einmal „mustern", auffällig oder unauffällig. Und er wird sich sein Bild machen.

Wie sollten wir also aussehen, wenn wir auf einen Kunden treffen? Achten Sie auf ein gepflegtes Äußeres und passende saubere Kleidung. Auf das gepflegte Äußere muß ich wohl nicht weiter eingehen. Was ist aber mit passender Kleidung gemeint? Es ist sicher ein Unterschied, ob ich einen Kunden in der Bank begrüße oder ob ich sein Auto repariere. Stimmen Sie Ihre Kleidung auf das ab, was Sie tun. Dazu zwei Beispiele:

Ein Kunde von mir ist Motorradhersteller, wenn die Damen und Herren dort Kundenbesuch bekommen, sind es meistens Motorradfahrer auf der Durchreise. Würden die Mitarbeiter dort im Kostüm oder Anzug auftreten, wäre das zwar sauber und korrekt, aber eben unpassend. Saubere Jeans und T-Shirt sind hier absolut in Ordnung.

Bei einem anderen Kunden, einer Bank, haben die Mitarbeiter ausschließlich Kontakt zu Geschäftskunden. Hier wären Jeans – selbst eine teure Marke – nicht unbedingt passend. Ein Anzug oder ein Kostüm sind hier gerade richtig.

Stellen Sie sich vor, Sie bringen Ihr Auto in die Inspektion, und der Werkstattmeister kommt Ihnen im Nadelstreifenanzug entgegen. Das wäre sicher nicht passend, aber der Kittel, den er anhat, kann ja sauber sein und muß nicht vor Schmutz starren.

Welchen Vorschuß bekommen Sie von einem Kunden, der Sie noch nicht kennt, wenn Sie ein ordentliches Äußeres und passende Kleidung aufweisen? Sie erhalten einen Kompetenzvorschuß. Das heißt, wenn Sie aus seiner Sicht einen äußerlich guten Eindruck machen, traut er Ihnen von Anfang an mehr zu.

Das gleiche gilt für die Firmenfahrzeuge. Es gibt ein Unternehmen in der Zustellbranche, deren Mitarbeiter grundsätzlich nur mit frisch gewaschenen Autos zu ihren Kunden fahren, weil man richtig erkannt hat, daß der Kunde die optische Qualität mit der Qualität der Dienstleistung verbindet. Sie können der beste Spezialist auf Ihrem Fachgebiet sein – wenn Sie aus Sicht des Kunden nicht auf Ihr Äußeres achten, wird es Ihnen einfach schwerer fallen, Ihre Kompetenz zu beweisen.

2.2 Zuhör- oder Aggressionsabbauphase

Jetzt beginnt die vielleicht schwierigste Phase im Reklamationsgespräch, da sich in den nächsten Sekunden entscheidet, ob dieses Gespräch konstruktiv verläuft oder in einem Streit endet.

2.2.1 Den ersten Dampf ablassen

Wie verhält man sich, wenn der Kunde Dampf ablassen will? Im Prinzip ist das ganz einfach, aufmerksam zuhören, ausreden lassen und nicht unterbrechen. Allerdings sollten Sie in dieser Phase alles vermeiden, was den Kunden noch mehr aufregen könnte. Damit meine ich nicht, daß Sie sich alles gefallen lassen sollen, doch dazu später mehr.

Zunächst gilt es zu klären, wie man einem Kunden das Gefühl gibt, daß man ihm aufmerksam und interessiert zuhört. Steht der Kunde Ihnen gegenüber und erzählt Ihnen etwas, sieht er, ob Sie Zeitung lesen oder ihm in die Augen schauen und nicken. Doch wie schafft man es, am Telefon interessiert und aufmerksam zu klingen? Richtig, ab und zu „ja" oder „hm" sagen, und zwar immer dann, wenn der Kunde eine kurze Sprechpause einlegt.

Generell gilt: Wenn der Kunde sehr aufgeregt ist und Sie es schaffen, ruhig und interessiert zu bleiben, wird er sich zwangsläufig auf eine ruhigere Ebene begeben. Gelangweiltes Verhalten dagegen provoziert den Kunden und er wird sich immer weiter aufregen. Bleiben Sie also gelassen und hören Sie aktiv und interessiert zu, mehr ist in dieser Situation weder nötig noch sinnvoll.

Die häufigsten Fehler, die hier begangen werden, sind, den Kunden zu unterbrechen, ihm irgendeine Frage zu stellen oder vorzeitig eine Lösung anzubieten. Wenn Sie merken, daß Ihnen Ihre Kunden häufig ins Wort fallen, sollten Sie einmal bewußt darauf achten, ob der Kunde bereits alles gesagt hat. Solange der Kunde sich noch nicht seinen ersten Frust von der Seele geredet hat, können Sie ihm die beste Lösung anbieten. Er wird nicht darauf eingehen, weil er Ihnen einfach nicht zuhört, weil er selbst noch viel zu viel sagen will.

Wie lange diese Phase des ersten Dampfablassens dauert, hängt vom Grad der Verärgerung ab. Erfahrungsgemäß ist jedoch der erste Frust innerhalb der ersten 30 Sekunden vorbei.

Das Gespräch dauert natürlich häufig länger, aber das Hauptproblem bringen die meisten Kunden in der ersten halben Minute unter. Natürlich gibt es auch hier Ausnahmen, ich erinnere mich noch sehr genau an einen Kunden, bei dem die Frustphase 16 Minuten gedauert hat. Wenn Sie mal solch einen Kunden am Telefon haben sollten, lehnen Sie sich am besten entspannt zurück, halten den Hörer etwas weiter weg vom Ohr und lassen ihn einfach nur reden.

Das aktive und interessierte Zuhören gilt nicht nur, wenn der Kunde Sprechpausen macht, sondern auch bei Kunden, die sehr schnell und pausenlos reden. Das bedeutet für Sie, selbst wenn der Kunde keine Pause macht, sollten Sie ab und zu einfach ein „Ja" oder einen zustimmenden Laut von sich geben. Ihr Kunde wird dadurch das Gefühl haben, daß Sie ihm wirklich interessiert zuhören.

2.2.2 Wann soll man Kunden unterbrechen?

Falls der Kunde nicht total verärgert ist und er offensichtlich in Ihnen nicht den richtigen Ansprechpartner hat, ist es sicher besser, ihn zu unterbrechen, als ihn fünf Minuten reden zu lassen. Womöglich, um dann zu sagen: „Schön, daß sie mir das alles erzählt haben, aber Mahnungen bearbeitet die Buchhaltung. Ich verbinde sie mal."

Besser ist folgende Vorgehensweise: „Herr M., Entschuldigung, daß ich Sie unterbreche, bei Mahnungen kann Ihnen die Buchhaltung schneller weiterhelfen. Ich verbinde Sie mit Frau S., einen kleinen Moment bitte".

Das anschließende Verbinden sollte gerade bei Reklamationen immer mit Vorabinformation erfolgen, damit der Kunde sein Problem nicht mehrfach erzählen muß, also zum Beispiel: „Frau S., da ist Herr M. in der Leitung, er hat von uns eine Mahnung bekommen, obwohl er seine Rechnung bereits vor zwei Wochen bezahlt hat".

Der Vorteil dieser Vorabinformation liegt darin, daß die Kollegin viel besser reagieren kann, nämlich mit einem aktiven Gesprächsbeginn: „Guten Morgen, Herr M., ich habe gehört, es gibt ein Problem mit einer Mahnung ..." Selbst ein sehr verärgerter Kunde wird jetzt seine Reklamation weitaus sachlicher vorbringen.

Hierbei gibt es aber einen wichtigen Punkt zu berücksichtigen. Bei einem Kunden, der zu Ihnen verbunden wird und das Gespräch mit den Worten beginnt: „Sie sind jetzt der vierte, mit dem ich spreche, mal sehen, ob Sie mir weiterhelfen können!", würde ich mir sehr genau überlegen, ob ich diesen Anrufer noch einmal weiterverbinden soll. Hier hilft nur die Reklamationspatenschaft.

2.2.3 Was bedeutet Reklamationspatenschaft?

Eine Reklamationspatenschaft bedeutet, daß man eine Reklamation entgegennimmt, sie nicht selbst löst, aber die Problemlösung kontrolliert und die letzte Information an den Kunden weitergibt.

Dazu ein Beispiel:

Ich war vor einiger Zeit geschäftlich in New York und wohnte dort in einem ganz normalen Mittelklassehotel. Ich stellte fest, daß im Bad kein heißes Wasser lief. Da ich mit dem Telefon nicht zurechtkam, ging ich hinaus auf den Flur, weil dort Stimmen zu hören waren. Der erste, der mir entgegen kam, war der Hausgärtner, und ich teilte ihm mein Problem mit. Die Reaktion war sehr interessant. Er wehrte nicht ab, sondern versicherte mir, er werde sich um das Problem kümmern. Nun war es natürlich nicht seine Aufgabe, den defekten Boiler zu reparieren, aber da er diese Reklamation entgegengenommen hatte, war es seine Aufgabe, diese Angelegenheit an den Haustechniker weiterzuleiten und zu kontrollieren, ob die Sache in Ordnung gebracht wird. Etwa eine halbe Stunde später war der Boiler durch einen Fachmann repariert worden, und das Heißwasser funktionierte wieder. Plötzlich klopfte es an meiner Zimmertür, der Hausgärtner stand davor und fragte nach, ob jetzt alles in Ordnung sei.

Ich denke, dieses Beispiel macht deutlich, was mit einer professionellen Reklamationspatenschaft gemeint ist.

2.2.4 Verbale Angriffe und wie man damit umgeht

Wie geht man mit verbalen Angriffen um? Wenn sie kommen, dann kommen sie meistens in dieser Phase des Gesprächs, in der Zuhör- und Aggressionsabbauphase. Es gibt leichte Angriffe, negative Behauptungen und die härteste Form: persönliche Beleidigungen.

Bei den nachfolgend genannten Tips geht es mir nicht darum, Ihre Schlagfertigkeit zu steigern, sondern Ihnen konkrete Hilfestellungen zu geben, wie Sie darauf reagieren können, so daß ein Gespräch mit dem „angreifenden" Kunden weitergehen kann.

Leichte verbale Angriffe

Viele Unternehmen müssen heute aufgrund der wirtschaftlichen Situation zum Teil drastische Einsparungen im personellen Bereich vornehmen. Das führt dazu, daß Mitarbeiter im Innendienst einer enormen Mehrbelastung ausgesetzt sind. Wo früher ein Mitarbeiter für 50 Kunden zuständig war, ist er es heute für 100 oder noch mehr Kunden. Diese Mehrbelastung wirkt sich logischerweise auch auf die Erreichbarkeit aus. Die Kunden versuchen, den Mitarbeiter zu erreichen, und seine Durchwahl ist ständig besetzt. Oder: Der Kunde hört endlos lange das Freizeichen und denkt, keiner hat Lust ans Telefon zu gehen. Wenn er dann endlich durchkommt, macht er seinem Ärger Luft, etwa mit leichten Angriffen wie: „Prima, daß bei Ihnen mal einer ans Telefon geht!" oder „Schön, daß Ihre Pause jetzt beendet ist!".

Wenn wir uns jetzt vorstellen, daß der Mitarbeiter während der letzten 30 Minuten mit einem anderen verärgerten Kunden am Telefon zugebracht hat, ist der Problemfall vorprogrammiert, falls er jetzt nicht nicht richtig reagiert.

Eine nicht so gute Antwort des Mitarbeiters ist: „Tut mir schrecklich leid, aber ich habe auch noch andere Kunden!" Mit dieser Antwort hat der Kunde sein Ziel erreicht, er hat den Mitarbeiter gereizt, und der ist seiner Aggression auf den Leim gegangen. Wie dieses Gespräch dann weitergeht, können Sie sich gewiß lebhaft vorstellen.

Im Lauf meiner Tätigkeit habe ich verschiedene Möglichkeiten und Vorgehensweisen zur Konfliktlösung ausprobiert. Ich stelle Ihnen jetzt eine Methode vor, die bei leichten verbalen Angriffen sehr gut funktioniert. Die nachfolgend aufgeführten Reaktionsmöglichkeiten gelten insbesondere für Kunden, die Sie noch gar nicht kennen oder noch nicht gut kennen. Es ist sicherlich leichter mit einem Kunden zu sprechen, wenn man seine möglichen Reaktionen bereits abschätzen kann.

Die ABC-Methode

Mit meiner ABC-Methode werden auch Sie künftig weniger Probleme bei der Behandlung von leichten Angriffen haben. Probieren Sie es einmal aus, es funktioniert! Gehen wir von folgendem Beispiel aus.

Der Kunde sagt: „Müller am Apparat! Es ist ja ein Wunder, daß man bei Ihnen mal einen erreicht, ich hoffe Ihre Pause ist jetzt vorbei."

A: Überhören und Hilfe anbieten – sie müssen nicht auf jeden Angriff von Kunden reagieren.
Antwort des Mitarbeiters: „Guten Morgen, Herr Müller, was kann ich für Sie tun?"

B: Erklären und Hilfe anbieten – bringen Sie eine kurze Erklärung vor und bieten Sie Hilfe an.
Antwort des Mitarbeiters: „Herr Müller, ich hatte gerade noch zwei Kunden auf den anderen Leitungen. Was kann ich denn für Sie tun?"

C: Verständnis zeigen, erklären und Hilfe anbieten – bringen Sie eine kurze Entschuldigung sowie eine Erklärung für die Wartezeit vor, und bieten Sie Hilfe an.
Antwort des Mitarbeiters: „Tut mir leid, daß Sie warten mußten. Ich hatte gerade noch einen anderen Kunden in der Leitung. Was kann ich für Sie tun?"

Negative Behauptungen und schwere verbale Angriffe

Eine negative Behauptung des Kunden ist eine bewußte oder unbewußte Übertreibung von Problemfällen. Sie werden von den meisten Beschwerde führenden Kunden vorgebracht, um die eigene Verhandlungsposition zu stärken und um den Mitarbeiter aus dem Gleichgewicht zu bringen. Beispiele für solche Behauptungen sind:

- „Bei Ihnen geht wohl in letzter Zeit alles schief!"
- „Wenn Sie zu viele Kunden haben, müssen Sie es mir nur sagen!"
- „Klappt bei Ihnen eigentlich gar nichts mehr?"

Es gibt verschiedene Reaktionsmöglichkeiten. Grundsätzlich gilt aber: Reagieren Sie nur, wenn Sie Gelegenheit dazu haben. Damit ist folgendes gemeint: Wenn der Kunde behauptet, daß bei Ihnen alles schiefgeht und danach weiterredet, müssen Sie nicht unbedingt nach 20 Minuten noch einmal auf diese negative Behauptung zu sprechen kommen. Sie könnten sie einfach überhören.

Wenn er Ihnen aber Gelegenheit gibt, darauf zu reagieren, z.B. eine Sprechpause nach der negativen Behauptung macht, sollten Sie reagieren.

Sie haben bestimmt schon das eine oder andere Erlebnis in diesem Zusammenhang gehabt. Mein persönliches Schlüsselerlebnis zu negativen Behauptungen soll Ihnen verdeutlichen, wie Sie zukünftig am besten mit negativen Behauptungen umgehen.

Ich hatte vor einiger Zeit einen persönlichen Termin bei einer großen Firma in Düsseldorf.

Es ging darum, vor dem Vorstand dieser Firma ein Kundendiensttraining zu präsentieren, also den Mitgliedern des Vorstandes zu erklären, warum ich ein Training der Mitarbeiter durch meine Firma für sinnvoll halte. Ich werde diesen Tag nie vergessen. Ich stand vor einer Gruppe von 18 Personen und wollte gerade mit meiner Präsentation beginnen. Plötzlich sagte der Vorstandsvorsitzende zu mir in einem gelangweilten, schon fast arroganten Tonfall:

„Herr Dietze, tun Sie uns bitte allen einen Gefallen, machen Sie's kurz. Wir wissen hier alle, daß Verkaufstrainer Leute sind, die es meistens selber nicht können, die versuchen, es anderen beizubringen und dafür auch noch satte Honorare kassieren."

Plötzlich war Totenstille im Raum, 18 Augenpaare schauten mich mit erkennbarem leichtem Grinsen an. Frei nach dem Motto, was wird er wohl darauf antworten!? In meinem Kopf lief ein kurzer Film mit den möglichen Antworten ab.

Möglichkeit eins: „Na ja, jetzt lassen Sie mir doch erst einmal die Gelegenheit, meine Ideen vorzubringen!" Ich hätte damit diese Behauptung sozusagen überhört. Was meinen Sie, ob das funktioniert hätte? Natürlich nicht, die Atmosphäre in dieser Runde wäre hinübergewesen, und ich hätte einpacken können.

Möglichkeit zwei: „Wissen Sie, was das hier ist? Das ist mein Terminkalender. Ich bin bis weit ins nächste Jahr ausgebucht. Wenn Sie dieser Meinung sind, kann ich es auch nicht ändern." Daraufhin hätte ich meine Sachen zusammengepackt und mit stolz geschwellter Brust den Raum verlassen. Aber natürlich ohne Auftrag. Auf negative Behauptungen gereizt zu reagieren, bringt also auch nichts.

Möglichkeit drei: „Das können Sie doch so nicht sagen. Ich bin ausgebildeter Trainer, ich habe jahrelange Erfahrung, ich kann Ihnen Referenzen zeigen ..." Zu dieser Möglichkeit neigen viele, die mit negativen Behauptungen konfrontiert werden. Man verteidigt sich und versucht so, seine Haut zu retten.

Es gibt zum Glück noch eine bessere Möglichkeit. Wann immer Ihr Kunde versucht, Sie mit negativen Behauptungen oder allgemeinen Verunglimpfungen aus dem Gleichgewicht zu bringen, gehen Sie wie folgt vor:

• Ruhig bleiben, auch wenn es manchmal schwerfällt.
• Bringen Sie den Kunden dazu, konkret zu werden.
• Spielen Sie den Ball mit einer ruhigen offenen Frage zurück.

Mir war zum Glück die richtige Vorgehensweise bekannt, und ich habe folgendermaßen reagiert:
„Herr Dr. F., ich finde es gut, daß Sie diesen Punkt direkt ansprechen! Welche Erfahrungen haben Sie denn bisher mit Verkaufstrainern gemacht?"

Antwort meines Kunden: „Na ja, äh, wissen Sie, hm. Man hört ja so einiges. Bei Ihnen kann ich mir das auch nicht vorstellen. Ist ja auch nicht so wichtig. Erzählen Sie doch mal, was Sie mit uns vorhaben!"

Mehr wollte ich nicht erreichen, die Behauptung des Kunden wurde durch ihn selbst relativiert, und ich konnte gestärkt mit meiner Präsentation fortfahren.

Was sind offene Fragen?

Vielleicht wissen Sie bereits, was eine offene Frage ist. Ich möchte es an dieser Stelle kurz erklären, da wir offene Fragen im weiteren Verlauf der Reklamationsbehandlung noch öfter benötigen werden.

Offene Fragen sind auch sogenannte W-Fragen. Beispiele für offene Fragen:

- Was ist denn genau passiert?
- Wie kann ich Ihnen helfen?
- Wodurch ist diese Fehlfunktion ihrer Meinung nach aufgetreten?
- Wo kann ich Sie innerhalb der nächsten halben Stunde erreichen?

Eine offene Frage kann der Kunde nicht einfach mit einem Ja oder Nein beantworten. So hilft Sie Ihnen dabei, Informationen von Kunden zu bekommen.

Negative Behauptungen und mögliche Antwortfragen

Hier einige Beispiele dafür:

Kundenbehauptung: „Bei Ihnen geht wohl alles schief?"
Antwortfrage: „Was ist denn genau passiert?"

Kundenbehauptung: „Klappt bei Ihnen gar nichts mehr?"
Antwortfrage: „Was ist denn genau passiert?"

Kundenbehauptung: „Prima, daß man Sie mal erreicht!"
Was kommt nach so einer Frage in den meisten Fällen, ein größerer Auftrag oder eine Reklamation? Natürlich eine Reklamation. Nehmen Sie das vorweg und stellen Sie auch hier eine offene Frage.
Antwortfrage: „Frau M., was ist denn passiert?"

Besonders harte negative Behauptungen
und verbale Angriffe

Die gibt es auch, und bei denen reicht eine offene Frage allein nicht aus.

Kundenbehauptung: „Ihre Firma ist wirklich der letzte Saftladen!"
Falsche Antwort: „Wenn Sie meinen. Wir haben durchaus auch zufriedene Kunden."
Richtige Antwort: „Herr B. ich bin wirklich schockiert, was für eine Meinung Sie von uns haben! Was ist denn genau passiert?".

Kundenbehauptung: „Ist Inkompetenz eigentlich die Voraussetzung, um bei Ihnen einen Job zu bekommen?"

Falsche Antwort: „Gott sei Dank, sind Sie nicht unser einziger Kunde!"

Richtige Antwort: „Herr B. ich finde es sehr traurig, daß wir uns auf diesem Niveau unterhalten müssen. Woran liegt es denn genau, daß Sie so verärgert sind?"

Diese Beispiele sind sicher sehr drastisch, sie sind in einigen Branchen aber Tagesgeschäft. Auch wenn einem hier die genannten falschen Antworten vielleicht gerecht erscheinen, vergessen Sie nicht, daß es keiner besonderen Professionalität bedarf, mit dem Kunden zu streiten, wohl aber so darauf zu reagieren, daß das Gespräch weitergehen kann. Wie Sie sehen, läuft es dabei letztendlich immer darauf hinaus, mit einer offenen Frage zu reagieren, weil das die bestmögliche Reaktion ist.

Verbale Angriffe nicht persönlich nehmen

Wie schafft man das? Diese Frage ist sehr schwer zu beantworten, da wir alle unterschiedliche Temperamente haben. Sie sind vielleicht jemand, der sehr ruhig und gelassen bleiben kann, wenn der Kunde Sie verbal angreift. Ich dagegen muß aufpassen, daß ich nicht selbst zu emotional reagiere, wenn ein Kunde anfängt zu schimpfen. Ich denke, keiner hat es gern, wenn er von einem Kunden verbal angegangen wird. Die folgende Vorgehensweise ist das Ergebnis von mehreren hundert Mitarbeiterbefragungen im Zusammenhang mit verbalen Angriffen.

Lernen Sie, richtig auf verbale Angriffe zu reagieren

Viele Mitarbeiter, die wir zu diesem Thema befragt haben, begründeten ihre Schwierigkeiten im Umgang mit verbalen Angriffen mit der eigenen Unsicherheit, richtig darauf zu reagieren. Setzen Sie also die gerade erlernten Techniken in die Praxis um, und Sie werden folgendes feststellen: Je sicherer Sie auf verbale Angriffe reagieren, um so leichter wird Ihnen der Umgang damit fallen.

Versetzen Sie sich in die Lage Ihres Kunden

Diese Fähigkeit können Sie entwickeln und trainieren. Dieser Punkt hilft mir persönlich sehr, verbale Angriffe nicht zu sehr an mich heranzulassen. Der Kunde reklamiert eine Lieferverzögerung und stellt mir seine damit verbundenen Schwierigkeiten lautstark dar. Ich versuche mir dann bildlich vorzustellen, wie ich mich an seiner Stelle fühlen würde, wenn der Vorgesetzte mich persönlich für alles verantwortlich machen würde, wenn der Kunde mit Stornierung oder Wechsel oder Folgekosten droht. Dieses Hineinversetzen in die Lage des Kunden ist eine hervorragende Vorgehensweise, denn Sie und ich würden wahrscheinlich auch sehr ungehalten reagieren, wenn wir auf Grund von Zuliefererfehlern Probleme mit unseren Kunden bekämen.

*Es gibt niemanden, der je einen Streit mit einem Kunden
gewonnen hätte*

Nicht daß wir uns falsch verstehen, es geht an dieser Stelle
nicht um die Behandlung von unberechtigten Reklamationen,
sondern um verbale Angriffe. Der Kunde ist nicht immer
König, aber er sitzt meistens am längeren Hebel.

Selbst wenn es für Sie kein Problem ist, rein rhetorisch so
zu reagieren, daß der Kunde nichts mehr zu erwidern weiß,
wird er am Ende immer Sieger bleiben, da er entscheidet, ob
er weiter mit Ihnen zusammenarbeiten will oder nicht.

Gehen Sie außerdem davon aus, daß je nach Branche und
Kundenstruktur etwa 94 – 99% aller Angriffe nicht persönlich gegen Sie, sondern meistens gegen die Firma gerichtet
sind.

Es ist sicherlich richtig, wenn Sie zu Ihrem Unternehmen
stehen, aber wenn Sie Ihr Unternehmen so verteidigen, daß
Sie dadurch letztendlich den Kunden verlieren, haben Sie
Ihrem Unternehmen am Ende mehr geschadet als geholfen.

Ich weiß, daß diese Sichtweise nicht einfach zu verstehen
ist, aber sie ist auf Dauer gesehen die einzig richtige.

Lesen Sie später zu diesem Thema unbedingt aufmerksam
das Kapitel 14, in dem es um den gefährlichsten Kundentyp
im Zusammenhang mit Reklamationen geht.

Wie reagiert man auf persönliche Beleidigungen?

Wichtig ist, daß wir erst einmal definieren, was eine persönliche Beleidigung ist. Bitte entschuldigen Sie die nachfolgenden heftigen Beispiele, es handelt sich dabei tatsächlich

um erlebte Praxis. Wenn Sie solchen Aussagen nicht ausgesetzt sind, können Sie froh sein, denn es gibt Branchen, wo solche Aussagen an der Tagesordnung sind.

Ist die folgende Aussage eine persönliche Beleidigung oder eine harte negative Behauptung?

Kunde: „Arbeiten bei Euch eigentlich nur Idioten?"

Genau betrachtet ist diese Formulierung noch keine persönliche Beleidigung, sondern ein sehr harter verbaler Angriff. Die richtige Antwort wäre also eine offene Frage.

Antwort des Mitarbeiters: „Herr S., ich finde es sehr schlimm, daß Sie so eine Meinung von uns haben. Was ist denn genau passiert?"

Stellen Sie sich bitte einmal einen wichtigen Kunden vor, ein Kunde, der viel Umsatz mit Ihnen macht, einen einflußreichen Kunden, der vielleicht sogar persönlich mit Ihrem Chef bekannt ist. Natürlich ist jeder Kunde wichtig, aber ich meine hier einen Kunden, den Sie auf keinen Fall verlieren möchten. Wie verhalten wir uns, wenn dieser Kunde plötzlich persönlich beleidigend wird?

Kunde: „Wenn Sie zu dumm sind für diese Aufgabe, sollten Sie sich einen anderen Job suchen?"

Kann man so eine Beleidigung überhören? Nehmen wir einmal an, der Kunde spricht nach dieser Aussage weiter, und im Verlauf des Gesprächs beruhigt er sich, da Sie ihm eine vernünftige Problemlösung anbieten konnten. Sie sollten dann selbst entscheiden, ob Sie den Kunden am Ende des Gesprächs noch einmal auf diese Beleidigung ansprechen oder nicht. In vielen Fällen haben wir erlebt, daß der Kunde sich von selbst entschuldigt, wenn sein eigentliches Problem gelöst worden ist.

Wie verhalten wir uns, wenn er nach der Beleidigung eine Pause macht, wenn er damit sozusagen eine Reaktion Ihrerseits provoziert. Nehmen wir einmal an, daß Sie ein derart starkes Selbstvertrauen besitzen, daß Sie sich einfach sagen: „Mich kann keiner beleidigen, ich lasse eine solche Aussage an mir abtropfen." Oder anders herum gefragt, wäre es geschickt, eine Beleidigung zu überhören, wenn der Kunde Ihnen Gelegenheit gibt, darauf zu reagieren?

Nein, es ist weder geschickt noch sinnvoll, eine Beleidigung zu überhören, wenn Sie darauf reagieren können. Wenn der Kunde Sie persönlich beleidigt und Sie nicht darauf eingehen, entsteht beim Kunden das Gefühl, mit der oder dem kann ich alles machen.

Auf Beleidigungen nicht zu reagieren, gleichgültig, ob sie von einem Kunden, von einem Vorgesetzten oder von einem Kollegen kommen, bedeutet immer persönlichen Kompetenzverlust. Darüber hinaus wird es mit diesem Kunden zukünftig immer schwieriger werden, vernünftig klarzukommen. Reagieren Sie immer, wenn Sie reagieren können!

Schwierig ist es, so zu reagieren, daß das Gespräch weitergehen kann.

Kunde: „Ich glaube, Sie sind einfach zu blöd, um mir weiterhelfen zu können!"

Falsche Antwort: „In diesem Ton können Sie mit Ihresgleichen sprechen, aber nicht mit mir!"

Wir haben hier zwar reagiert, aber das Gespräch ist wahrscheinlich zu Ende. Ich habe im Zusammenhang mit persönlichen Beleidigungen viele Möglichkeiten ausprobiert. Überlegen Sie einmal, welcher Unterschied zwischen den beiden folgenden Formulierungen besteht.

Erste mögliche Antwort: „Herr B., ich denke wir kommen nicht weiter, wenn Sie mich persönlich beleidigen. Ich kläre die Angelegenheit für Sie und melde mich innerhalb der nächsten ..."

Zweite mögliche Antwort: „Herr B., ich denke wir kommen nicht weiter, wenn wir uns gegenseitig persönlich beleidigen. Ich kläre die Angelegenheit für Sie und melde mich bei Ihnen bis ..."

Beim ersten Beispiel ist der Vorwurf sehr direkt. Im zweiten Beispiel wird durch die Wir-Formulierung das Aufzeigen der Grenzen indirekter, aber immer noch deutlich genug vorgenommen. In jedem Fall ist es richtig, nach dem Aufzeigen der Grenzen das Interesse auf das eigentliche Problem zu lenken. Sie verhindern so ein weiteres gegenseitiges Hochschaukeln und damit eine weitere Verschärfung des Konfliktes.

Es gibt noch eine weitere, psychologisch sehr geschickte, Möglichkeit, auf persönliche Beleidigungen zu reagieren. Sie besteht darin, Verständnis für den Kunden mit dem Aufzeigen seiner Grenzen zu verbinden.

Dritte mögliche Antwort: „Herr B., ich kann wirklich gut verstehen, daß Sie wegen der Falschlieferung sehr verärgert sind. Dennoch kommen wir nicht weiter, wenn wir uns persönlich beleidigen. Ich schlage vor, ..."

Ich bin kein Fan davon, Formulierungen auswendig zu lernen, Sie sollten so formulieren und sprechen, wie es Sie es normalerweise auch tun. Die genannten Beispiele sollen Ihnen lediglich dabei helfen, selbst konkrete Vorgehensweisen zu entwickeln und zu verfeinern, um der Konfliktsituation besser gewachsen zu sein.

Der Kunde fährt mit seinen Beleidigungen fort

Wie verhalten wir uns, wenn uns der Kunde dennoch weiter persönlich beleidigt? Die zuvor aufgezeigten Möglichkeiten werden in den meisten Fällen ausreichen, um bei persönlichen Beleidigungen richtig zu reagieren. Ich möchte jedoch versuchen, keine Fragen unbeantwortet zu lassen. Deshalb lassen Sie uns einmal überlegen, welche Möglichkeiten wir jetzt noch haben.

Kunde: „Ich habe trotzdem den Eindruck, daß Sie eine absolute Niete sind."

Wenn der Kunde auf die ihm zugespielten Möglichkeiten nicht reagiert und Sie weiter persönlich angreift, sollten Sie überlegen, ob es überhaupt Sinn macht, weiter mit ihm zu sprechen.

Vielleicht haben Sie folgendes Beispiel schon mal selbst erlebt oder beobachtet: Ein Kunde ruft in einem Unternehmen an, er beschimpft die Dame in der Telefonzentrale massiv, und sie verbindet – fast unter Tränen – weiter zu einem Vorgesetzten.

Was meinen Sie, was wird jetzt kommen? Wird der Kunde auch den Vorgesetzten des Unternehmens beleidigen? Er beleidigt ihn nicht, er hat sich beruhigt und geht viel sachlicher mit dem nächsten Gesprächspartner um. Woran liegt das?

Der Kundentyp, der am ehesten zu persönlichen Beleidigungen neigt, ist eine Kombination aus einem stark verärgerten und einem arroganten Kunden. Dieser Kundentyp braucht meistens das Gefühl, mit einem Ansprechpartner zu verhandeln, der ihm von der Position her zumindest annähernd gleichgestellt ist. Bekommt er diesen Ansprechpartner, wird er sich relativ schnell beruhigen und sachlicher mit sich verhandeln lassen.

Also, bevor Sie sich durch einen Kunden in ein folgenschweres Streitgespräch verwickeln lassen, ist es besser, Sie verbinden diesen Kunden mit einem Kollegen oder Vorgesetzten.

Sie werden allerdings feststellen, daß Sie, wenn Sie die beschriebenen Vorgehensweisen konkret umsetzen, soweit nur selten gehen müssen.

Im Normalfall reicht es aus, dem Kunden seine Grenzen vernünftig aufzuzeigen und danach das Interesse auf sein eigentliches Problem zu lenken.

Noch zwei ganz wichtige Tips!

Wir befinden uns immer noch in der Phase des Gesprächs, in der uns der Kunde von seinen Problemen erzählt. Vermeiden Sie es zu diesem Zeitpunkt, wenn irgend möglich, Fragen zum Reklamationshergang zu stellen oder sofort Vermutungen über die Reklamationsursache anzustellen.

Dazu ein Beispiel: Der Kunde reklamiert einen Lieferverzug. Wir vermuten, daß er zu spät bestellt hat, und fragen ihn, wann er die Ware bestellt hat.

Viele Kunden reagieren auf solche Fragen oder Vermutungen in dieser Phase des Gesprächs negativ. Warum? Wir haben in Kapitel 1 gelernt, was der Kunde im Reklamationsfall erwartet, z. B. Interesse, Aufmerksamkeit und Verständnis.

Das ist sicher richtig, aber was befürchten denn die meisten Kunden, wenn sie etwas reklamieren?

Stellen Sie sich vor, Sie waren in Urlaub und die Qualität des Hotels hat berechtigten Anlaß zur Reklamation gegeben. Sie rufen nach Ihrer Rückkehr beim Reiseveranstalter an und reklamieren. Erwarten Sie wirklich, daß man Sie gleich freundlich behandeln wird, daß man Ihnen aufmerksam und interessiert zuhören wird und Verständnis für Ihren Ärger aufbringt? Die Mehrzahl der Kunden befürchtet selbstverständlich, daß man versuchen wird, ihre Reklamation abzuwimmeln oder als unberechtigt darzustellen.

Die Kunden sind deshalb in einer sogenannten Habachtstellung, d.h., sie vermuten hinter jeder Frage zum Reklamationshergang oder hinter jeder Vermutung zur Reklamationsursache den Versuch der Reklamationsabwehr. Sie müssen natürlich Ihrem Kunden Fragen zum Reklamationshergang stellen.

Es ist aber äußerst wichtig, wie und vor allen Dingen wann Sie diese Fragen stellen.

Ich habe in den letzten Jahren sehr viele Reklamationsgespräche in den verschiedensten Branchen und Unternehmen analysiert. Einer der Hauptfehler der Reklamationsbehandlung ist das sofortige Vermuten einer unberechtigten Reklamation, das Hineinbringen von Vermutungen zur Reklamationsursache und das zu frühe Fragen nach dem Reklamationshergang. Dadurch wird beim Kunden immer das Gefühl bestärkt, man wolle seine Reklamation als unberechtigt ablehnen, und das führt dazu, daß wir seine Bereitschaft zur Kommunikation blockieren.

Fassen wir zusammen

Der Kunde hat reklamiert, daß eine Lieferung noch nicht bei ihm eingetroffen ist. Wir haben ihn freundlich begrüßt, wir haben aktiv und interessiert zugehört, wir sind mit seinen Angriffen professionell fertig geworden. Wir haben keine Vermutungen über die Reklamationsursache angestellt und wissen, was sein Problem ist, nämlich fehlende Ware, die zu einem Produktionsstillstand bei ihm führen kann.

Was können wir tun, wenn wir wissen, wo das Problem liegt? Wonach können wir jetzt suchen?

Wenn ich diese Fragen in meinen Seminaren stelle, kommt in etwa 95% der Fälle folgende Antwort von den Teilnehmern: „Wenn ich erkannt habe, welches Problem der

Kunde hat, dann versuche ich, eine Lösung zu finden und ihm diese Lösung anzubieten."

Genauso wird es bei den meisten Reklamationsfällen gehandhabt, und genau diese Vorgehensweise ist eben nicht professionell.

Wir versuchen herauszufinden, welches Problem der Kunde hat, überlegen uns eine Problemlösung und präsentieren diese dem noch verärgerten Kunden. Dann wundern wir uns regelmäßig, warum ein Kunde diese Problemlösung mehr schlecht als recht annimmt und der nächste Kunde mit dem gleichen Problem diese Lösung vielleicht überhaupt nicht akzeptiert.

Wir haben einen der wichtigsten Punkte im Reklamationsgespräch vergessen. Der Kunde hat sich zwar durch die professionelle Begrüßung und durch das aktive und interessierte Zuhören bereits etwas beruhigt. Er ist aber noch immer auf einer hohen emotionalen Ebene, und er befürchtet nach wie vor, daß man seine Reklamation abwimmeln will.

Im nächsten Kapitel werden wir gemeinsam erarbeiten, wie Sie den Kunden auf eine sachlichere Gesprächsebene bringen und wie Sie ihn dazu bringen können, seine Habachtstellung aufzugeben. Erst wenn wir das geschafft haben, werden wir darüber sprechen, wie und wann wir eine Problemlösung präsentieren.

2.3 Konfliktbereinigungsphase

Gestatten Sie vorab einen wichtigen Hinweis: Zum besseren Veständnis der Zusammenhänge in diesem Kapitel ist es wirklich zwingend notwendig, daß Sie die vorherigen Kapitel genau gelesen haben. Nur im stufenweisen Erarbeiten entfalten die Inhalte dieses Buches ihre volle Wirksamkeit.

2.3.1 Wie beruhigt man einen verärgerten Kunden?

Wenn Sie lernen möchten, wie man einen verärgerten Kunden professionell beruhigt bzw. ihn auf eine sachlichere Gesprächsebene bringt, vergleichen Sie einmal eine Reklamation, die Sie in Ihrem beruflichen Umfeld behandeln mit einem Streit in Ihrem Privatleben. Die richtige Vorgehensweise wird dann sehr schnell sehr deutlich. Vergleichen Sie beim Lesen der nachfolgend erzählten Szene die Parallelen zu einem geschäftlichen Reklamationsgespräch.

Meine Frau sagt morgens beim Frühstück zu mir: „Ich möchte uns heute abend etwas Besonderes kochen, kannst Du so gegen 18.00 Uhr nach Hause kommen?" Ich überlege kurz und stimme dann zu: „Klar, kein Thema, ich bin spätestens um 18.00 Uhr daheim!"

Gegen Mittag ruft mich ein Interessent an, den ich schon länger als Kunden gewinnen wollte, und verabredet sich mit mir für 17.00 Uhr. Zu diesem Zeitpunkt hatte ich meine Zusage, um 18.00 Uhr zu Hause zu sein, dummerweise bereits vergessen. Der Termin mit dem Interessenten dauert etwa zwei Stunden, und ich komme gegen 20.00 Uhr nach Hause. Ich schließe die Tür auf, gehe ins Wohnzimmer und will

68

meine Frau begrüßen. Meine Frau schaut erst auf die Uhr, dann zu mir. Erst jetzt fällt mir wieder ein, daß ich fest versprochen hatte, um 18.00 Uhr zu Hause zu sein. Was jetzt in etwa abläuft, können Sie sich vorstellen. Meine Frau reklamiert sozusagen auf der privaten Ebene meine nicht eingehaltene Zusage. Sie ist ziemlich sauer. „Du hattest fest versprochen, um 18.00 Uhr nach Hause zu kommen, ich war einkaufen, ich habe fast drei Stunden in der Küche gestanden, und du, du kommst zwei Stunden zu spät!"

Ich schaue meiner Frau in die Augen, während Sie ihren Frust abläßt, d.h., ich höre aktiv und interessiert zu. Stellen Sie sich vor, ich würde mich jetzt einfach umdrehen und mir in aller Ruhe die Schuhe ausziehen. Das würde sie garantiert noch ärgerlicher machen. Ich unterbreche sie auch nicht mit dem schlauen Spruch: „Mein Gott, jetzt reg' dich doch nicht so auf, ich habe gerade einen dicken Auftrag an Land gezogen, und du machst hier so einen Aufstand!" Ich versuche auch nicht, mich herauszureden: „Ich wollte dich ja anrufen, aber es war nicht möglich!" Ich lasse meine Frau einfach nur reden und höre aktiv und interessiert zu, weil sie sich dadurch zumindest etwas beruhigt. Dann sagt sie: „So und jetzt ist das Essen kalt und verkocht, und ich bin wirklich sauer!" Damit ist die Zuhör- und Aggressionsabbauphase meiner Frau erst einmal abgeschlossen.

Ich denke schnell nach, was die beste Problemlösung sein könnte. Vielleicht so: „Moni, ist doch kein Problem, ich lade dich ganz schick zum Essen ein!" Was meinen Sie, wie die Reaktion meiner Frau auf diesen Vorschlag aussähe, nachdem sie sich mit dem Essen richtig Mühe gegeben hat? Ich weiß nicht, wie Ihre Partnerin oder Ihr Partner reagiert, meine Frau würde auf diesen Vorschlag antworten: „Mir ist der

Appetit vergangen!" oder „Du kannst allein essen gehen, ich habe keinen Hunger mehr."

Oder stellen Sie sich einmal vor, ich würde hier eine Kulanz anbieten: „Jetzt beruhige dich mal, ich ersetze dir auch den finanziellen Schaden!" Da kämen wahrscheinlich Töpfe und Pfannen geflogen.

Warum komme ich so nicht weiter? Ich habe meine Frau freundlich begrüßt, ich habe aktiv und interessiert zugehört, ich habe sie nicht unterbrochen, ich habe nicht versucht, mich herauszureden und ich habe die beste Problemlösung angeboten, die mir eingefallen ist. Wieso geht sie auf meinen Lösungsvorschlag nicht ein? Was hier fehlt, ist sonnenklar. Ich muß mich erst einmal bei meiner Frau entschuldigen. Ich muß ihr zu verstehen geben, daß ich ihren Ärger verstehen kann, und ich muß das so herüberbringen, daß sie mir glauben kann, daß es mir leid tut. Erst dann habe ich die Möglichkeit, eine Problemlösung anzubieten. Durch meine ehrlich gemeinte Entschuldigung beruhigt sich meine Frau und ist dann eher bereit, auf meinen Vorschlag einzugehen.

Was halten Sie von folgender Möglichkeit: „Moni, tut mir natürlich schrecklich leid, aber du weißt, Geschäft geht vor!" Bevor ich das sage, kann ich auch gleich gar nichts sagen. Die Formulierung „Tut mir natürlich schrecklich leid, aber ..." heißt wörtlich übersetzt: „Das tut mir so leid wie alles andere auch nicht." Die Worte natürlich und schrecklich sind einfach zu übertrieben, um das Verständnis glaubhaft zu machen, und das Wort aber negiert alles, was davorsteht. Sagen Sie einmal zu Ihrem Partner: „Schatz, ich habe Dich natürlich schrecklich lieb, aber ...." Tun Sie es besser nicht!

Bezogen auf unsere geschäftlichen Reklamationen bedeutet diese Vorgehensweise, ehrliches Verständnis für den Ärger des Kunden zeigen. Das hört sich einfacher an, als es ist. Damit das Verständnis ehrlich beim Kunden ankommt, sollten Sie auf zwei Punkte achten.

Nehmen Sie Bezug auf den konkreten Anlaß
seiner Verärgerung

Damit ist folgendes gemeint: Wenn Sie zu Ihrem Kunden sagen: „Tut mir leid, daß da etwas schiefgelaufen ist!", dann besteht die Gefahr, daß er Ihnen das nicht glauben wird, weil diese Aussage zu ungenau und zu allgemein ist.

Bezug nehmen auf den konkreten Anlaß seiner Reklamation bedeutet, die Reklamationsursache mit in die Formulierung einzubeziehen: „Herr F., es tut mir wirklich leid, daß die Lieferung zwei Tage zu spät gekommen ist." Dadurch wird die Verständnisaussage in den Ohren des Kunden glaubhafter. Es geht nicht darum, irgend etwas in Richtung Verständnis zu sagen. Es geht darum, es so zu formulieren, daß der Kunde es Ihnen glaubt, denn nur dann tritt der gewünschte Effekt ein, daß er sich beruhigt und einer Problemlösung aufgeschlossener gegenübersteht.

Bezug nehmen auf den Grad derVerärgerung

Dieser Punkt ist mindestens genauso wichtig wie der vorherige. Die Kunden, die bei Ihnen reklamieren, sind je nach Schwere der Reklamation leicht enttäuscht bis stark verärgert.

Angenommen ein Kunde beschwert sich eher moderat: „Ich bin ein bißchen enttäuscht, daß die Lieferung zum zweiten Mal zu spät kommt." Wenn Sie zu diesem Kunden sagen würden: „Ich kann wirklich gut verstehen, daß Sie verärgert sind!", kann es passieren, daß er darüber nachdenkt und ärgerlicher wird, als er vorher war. Besser ist hier folgende Formulierung: „Herr M., ich kann verstehen, daß Sie enttäuscht sind, weil wir Sie zweimal zu spät beliefert haben."

Bei einem stark verärgerten Kunden ist dieser Punkt noch wichtiger. Wenn der Kunde stark verärgert ist: „Jetzt reicht's mir aber wirklich. Das kann doch wohl nicht wahr sein. Ich bin stinksauer!!", sollten Sie auf keinen Fall antworten: „Ich kann verstehen, daß Sie da etwas verunsichert sind." Wissen Sie, was jetzt passieren würde? Der Kunde würde noch lauter werden, da er sich nicht verstanden oder gar verschaukelt fühlen würde. Reagieren Sie besser so: „Herr M., Sie haben absolut recht, an Ihrer Stelle wäre ich genauso sauer wie Sie!!" Wenn Sie dabei auch noch etwas lauter sprechen als gewöhnlich, wird der Kunde Ihnen Ihr Verständnis glauben und sich beruhigen. Die Formulierung „Sie haben recht" können Sie natürlich nur benutzen, wenn Sie zu diesem Zeitpunkt wissen, daß es sich hier um eine berechtigte Reklamation handelt.

Wie Sie das Verständnis ausdrücken und wie emotional Sie reagieren, hängt ganz davon ab, was für ein Typ Sie sind. Es gibt aufgeschlossene, zurückhaltende, ruhige und leicht erregbare Mitmenschen. Sie sollten in jedem Fall das Verständnis verbal äußern und nicht nur denken, denn sonst glaubt der Kunde automatisch, es wäre Ihnen egal.

Ich kenne den Kundendienstleiter eines Möbelhauses sehr gut. Dieser Mann hat täglich mit Reklamationen zu tun, Möbel die nicht kommen, Ware die defekt ist, Monteure, die ausbleiben u.v.m. Dieser Kundendienstleiter ist vom Naturell her ein absoluter Choleriker. Jetzt möchte man eigentlich meinen, um Himmels willen, verärgerte Kunden auf der einen Seite und ein cholerischer Kundendienstleiter auf der anderen, das kann doch nicht gutgehen. Im Gegenteil, es funktioniert sogar sehr gut, denn er reagiert einfach ganz natürlich. Ein Kunde ruft bei ihm an und beschwert sich bitterlich darüber, daß die Monteure zum zweiten Mal nicht gekommen sind und er sich extra Urlaub genommen hat. Der Kunde ist wirklich sehr wütend.

Der Kundendienstleiter läuft dunkelrot an und schreit fast ins Telefon: „Waaas, Sie sagen zum zweiten Mal hat man Sie hängenlassen? Das kann doch wohl nicht wahr sein. Die beiden werde ich mir mal zur Brust nehmen." Er reagiert dermaßen emotional, aber verständnisvoll, daß plötzlich der Kunde aktiv und interessiert zuhört und am Ende beschwichtigend auf den Mann einwirkt: „Herr G., jetzt beruhigen Sie sich wieder, so schlimm ist es nun auch wieder nicht". Sie können diesen Mann nicht kopieren, reagieren Sie einfach auf Ihre eigene Art.

Der Unterschied zwischen einem Streit im privaten Umfeld und einer Reklamation

Da gibt es natürlich einen großen Unterschied. An dem privaten Streit können Sie persönlich schuld sein. Ich könnte mir aber vorstellen, daß Sie an den meisten Reklamationen, die Sie in Ihrem Beruf bearbeiten, nicht persönlich schuld sind, sondern das die Reklamationsursache irgendwo im Umfeld zu finden ist. Ihren Kunden ist das jedoch egal.

Genau so wie die meisten Angriffe nicht persönlich gegen Sie, sondern gegen das Unternehmen gerichtet sind, sieht der Kunde auch in bezug auf die gesamte Reklamation die Firma als Ganzes. Für den Kunden ist es gleich, ob Sie oder ein Kollege oder ein Mitarbeiter einer Zuliefererfirma die Reklamation verursacht hat. Der Kunde erwartet Verantwortlichkeit und Interesse. Er erwartet nicht von Ihnen, daß Sie die persönliche Schuld auf sich nehmen, er erwartet aber von Ihnen Verständnis für seine Sorgen und Probleme. Egal, wen der Kunde im Unternehmen mit seinen Sorgen und Problemen konfrontiert, er erwartet immer, daß man Verständnis zeigt.

2.3.2 Wenn der erste Ansprechpartner die Telefonzentrale ist

Ihre Telefonzentrale hat in diesem Zusammenhang eine Schlüsselposition. Wenn hier bereits professionell reagiert wird, haben es die anderen Abteilungen wesentlich leichter. Hier einige Beispielgespräche. Der Kunde ruft an, der erste Ansprechpartner ist die Telefonzentrale:

Mitarbeiterin an der Zentrale: „XYZ GmbH, Schröder, guten Tag!"
Kunde ärgerlich: „Schreiber hier! Ob das ein guter Tag wird, werden wir sehen!"

Was folgt so einer Aussage normalerweise, eine größere Bestellung oder eine Reklamation? Meistens wird der Kunde gleich eine Reklamation anbringen.

Zentrale: „Guten Tag, Herr Schreiber! Was ist passiert?"
Kunde: „Ich bin in dieser Woche von euch bereits zum zweiten Mal falsch beliefert worden! Wollt ihr nicht mehr, könnt ihr nicht mehr oder was ist wieder bei euch los?"

Die Mitarbeiterin oder den Mitarbeiter in der Telefonzentrale trifft persönlich sicherlich keine Schuld an dieser Reklamation, und dennoch ist es richtig, wenn er oder sie verständnisvoll reagieren.

Zentrale: „Herr Schreiber, es tut mir sehr leid, daß Sie falsch beliefert worden sind. Ich verbinde Sie mit Herrn Müller, er wird Ihnen sicher helfen können. Einen kleinen Moment bitte."

Die Mitarbeiterin in der Zentrale weiß zu diesem Zeitpunkt natürlich noch nicht, ob es sich um eine berechtigte oder unberechtigte Reklamation handelt, dennoch ist diese Reaktion richtig. Der nächste Ansprechpartner hat es nämlich nun leichter mit dem Kunden, da dieser sich nun schon etwas beruhigt hat.

Das Verbinden des Kunden sollte gerade im Reklamationsfall mit Vorabinformation des Kollegen erfolgen. Das hat den Vorteil, daß der Kollege besser reagieren kann und der Kunde nicht mehrmals seine Reklamation wiederholen muß.

Mitarbeiterin der Zentrale zum Kollegen: „Herr Müller, ich habe Herrn Schreiber für Sie in der Leitung, er ist ziemlich verärgert, er sagt, er sei diese Woche bereits zum zweiten Mal falsch beliefert worden. Ich verbinde."

Kollege zum Kunden: „Müller! Guten Tag, Herr Schreiber! Ich hab schon von Frau Schröder gehört, daß es Probleme mit zwei Lieferungen gab ..." usw.

Jetzt kann der Kollege professionell agieren und wird nicht von der Reklamation „kalt erwischt". Er kann aktiv das Gespräch beginnen.

Das Hauptproblem bei vielen Unternehmen liegt in der völligen Überlastung der Telefonzentrale. Wenn eine Mitarbeiterin für viele Amtsleitungen zuständig ist und nebenbei noch Angebote schreibt und sonstige Korrespondenz zu erledigen hat, dann kann sie nicht so professionell wie beschrieben reagieren.

Wir alle müssen natürlich auf Personalkosten achten, aber wenn ich meine Mitarbeiter überlaste, wirkt sich das meistens negativ auf die Qualität der Kundenbetreuung aus. Das gilt nicht nur für die Telefonzentrale, sondern für alle Abteilungen in Unternehmen mit Kundenkontakt. Ich weiß, daß dies ein sehr sensibler Punkt ist, aber ich wäre kein guter Ratgeber, wenn ich Sie nicht zumindest auf diesen Punkt hinweisen würde. Wenn die Personaldecke so ausgedünnt wird, daß die verbleibenden Mitarbeiter nur noch gestreßt mit den Kunden umgehen und es dadurch zu Kundenverlusten kommt, dann wurde an der falschen Stelle eingespart.

2.3.3 Konfliktbereinigung und Verständnisbereitschaft

Verständnis für Probleme zu zeigen, die man selbst nicht verursacht hat, ist im Prinzip ganz einfach, auch hier hilft ein Vergleich zum privaten Umfeld. Heute abend klingelt bei

Ihnen das Telefon, Sie nehmen den Hörer ab, eine gute Freundin ist am Apparat. Sie erzählt Ihnen von einem Mißgeschick, das ihr widerfahren ist:

Ihre Freundin: „Stell dir mal vor, was mir passiert ist! Du weißt doch noch, daß ich mir diese Sommerbluse beim ABC-Versandhaus bestellt habe?! Die wollte ich doch morgen auf unserer Gartenparty anziehen."

Sie antworten: „Ja klar, weiß ich noch, und was ist damit los?"

Ihre Freundin: „Stell dir vor, die haben mir die Bluse in einer falschen Größe und in der falschen Farbe geliefert!" Ihre Freundin ist verärgert.

Sie antworten: „Sag' mal, hast du die Bluse bei mir bestellt oder beim ABC-Versandhaus?"

Ihre Freundin leicht verwirrt: „Natürlich beim ABC-Versandhaus."

Sie antworten: „Dann tu mir einen Gefallen. Rufe dort an und beschwer' dich gefälligst bei denen. Ich kann doch schließlich nichts dafür, wenn die dich falsch beliefern!"

So würden Sie natürlich nie reagieren, es sei denn Sie wollten diese Freundin loswerden.

Sie würden antworten: „Na das ist aber wirklich ärgerlich, da würde ich mich auch drüber ärgern."

Genausowenig würden Sie versuchen herauszufinden, ob Ihre Freundin berechtigt oder unberechtigt reklamiert: „Sag, bevor ich jetzt Verständnis für dich aufbringe, bist du auch ganz sicher, daß du den Bestellschein richtig ausgefüllt

77

hast?" Es ist eine gute Freundin, die Ihnen von ihren Problemen erzählt. Sie setzen voraus, daß sie Sie nicht anlügt, und Sie zeigen ehrliches Verständnis für Ihren Ärger, obwohl Sie die Reklamation nicht verursacht haben.

Die meisten Kunden wollen nicht als König behandelt werden, sondern freundschaftlich. Wenn Sie sich also Ihren Kunden gegenüber mindestens ähnlich verhalten, werden Sie viel weniger Probleme mit Reklamationen haben.

Negatives und positives Beispiel fürs Verständniszeigen

Als ich vor einiger Zeit morgens vom Hotel zum Auto ging, stellte ich fest, daß mir ein netter Mitmensch ins Auto gefahren war. Natürlich hatte er seine Adresse nicht hinterlassen. Ich ging zurück ins Hotel und erzählte dem Hotelmanager von der Angelegenheit. Der unterbrach mich schon nach dem zweiten Satz und sagte zu mir: „Wir haften nicht für Schäden, die auf dem Parkplatz entstehen ..." Ich hatte überhaupt nicht vor, das Hotel haftbar zu machen, ich wollte ihn lediglich darüber informieren, was passiert ist. Von Verständnis keine Spur. Wie ich mich gefühlt habe, können Sie sich vorstellen.

Die Geschichte geht noch weiter. Ich wollte das Auto bei dem Händler reparieren lassen, bei dem ich es gekauft hatte. Der Meister hörte sich die Geschichte teilnahmslos an, zuckte nur mit den Schultern, fing auch noch an zu grinsen und sagte zu mir: „Mit etwa 3000 DM sind Sie dabei. Das Auto bitte dort hinten abstellen. Den Schlüssel vorne abgeben. In etwa vier Tagen ist der Wagen fertig." Dann drehte er sich um und ging.

Zum Glück gibt es mehrere Kfz-Werkstätten. Ich ließ meinen Wagen natürlich nicht zur Reparatur da, sondern fuhr einfach zwei Straßen weiter zur nächsten Werkstatt. Der Meister schaute sich den Schaden genau an, zog dann seine Stirn in Falten und sagte: „Na, so ein Mist was! Man kriegt ja diese Idioten auch leider nie zu fassen." Das war weder aufgesetzt noch unterwürfig, und er konnte auch nichts dafür, daß mir das passiert war. Er zeigte einfach ehrliches Verständnis für meinen Ärger – und ich fühlte mich gut behandelt.

Der Kunde schimpft in Etappen

Diese Vorgehensweise, also freundlich begrüßen, aktiv und interessiert zuhören, ehrliches Verständnis zeigen, eine Lösung anbieten und alle sind wieder glücklich, ist natürlich der rein theoretische Weg. In der Praxis schimpft der Kunde immer in Etappen.

Kunde: „Können Sie sich vorstellen, welche Probleme ich durch diesen Lieferverzug bekomme?!"
Ihre Aussage: „Ja Herr K., das kann ich mir gut vorstellen."
Kunde weiter: „Unsere wirtschaftliche Situation ist sowieso momentan sehr schwierig, ich kann es mir nicht erlauben, meine Kunden zu verärgern!"
Ihre Aussage: „Herr K., es tut mir auch ehrlich leid, daß es gerade bei dieser Lieferung Schwierigkeiten gegeben hat."

Immer wenn Ihr Kunde schimpft, sollten Sie aktiv und interessiert zuhören. Wenn er fertig ist, sollten Sie wie im vorge-

nannten Beispiel Verständnis zeigen. Wenn Sie das zwei-
oder dreimal bei einem verärgerten Kunden machen, wird er
sich zwangsläufig beruhigen. Wie weit er sich beruhigt,
hängt von der Schwere der Reklamation und von Ihrem Verhalten ab.

Es gibt eine ganze Reihe von Techniken, um verärgerte
Kunden zu beruhigen. Ich halte die geschilderte für die beste,
da Sie sich nur genauso wie in Ihrem privaten Umfeld verhalten müssen. Wenn Sie in der Lage sind, bei Freunden
verständnisvoll zu reagieren, dann gelingt Ihnen das auch bei
Kunden.

Es gibt eindeutige Untersuchungen, die belegen: Wenn
Sie die ersten drei Phasen professionell umsetzen, sinkt die
Quote der ernsten Reklamationen (Drohung mit Wechsel,
Anwalt oder Stornierung).

Fassen wir zusammen

Die ersten drei Phasen im Reklamationsgespräch – die Begrüßungsphase, die Zuhör- und Aggressionsabbauphase und
die Konfliktbereinigungsphase – sind die wichtigsten Phasen
im gesamten Reklamationsgespräch. Sie werden damit nicht
Ihre Reklamationen aus der Welt schaffen, doch was Sie bis
hierher gelesen haben hilft Ihnen, mit den unterschiedlich-
sten Fällen besser fertig zu werden.

Um das nochmal zu verdeutlichen: Nehmen wir an, Ihr
Kunde reklamiert einen Lieferverzug – die einzige Lösung
ist, die fehlende Ware so schnell wie möglich zum Kunden
zu bringen. Darüber hinaus gibt es Reklamationsfälle, bei
denen Sie überhaupt keine Lösung anbieten können. Wann

sagen Sie das dem Kunden? Wenn er verärgert ist oder wenn er sich etwas beruhigt hat? Natürlich wenn er sich etwas beruhigt hat. Und genau das erreichen Sie mit der Methode: freundlich begrüßen – aktiv und interessiert zuhören – Verständnis zeigen und dann erst auf die Problemlösung zusteuern. Das ist natürlich der rein theoretische Ablauf. Wenn ein Kunde richtig verärgert ist, reklamiert er – wie gesagt – in Etappen:

Kunde stark verärgert: „Ich bin jetzt zum zweiten Mal von Ihnen zu spät beliefert worden!"
Mitarbeiter: „Ich kann sehr gut verstehen, daß Sie sich darüber geärgert haben!"
Kunde immer noch aufgeregt: „Dadurch, daß von Ihnen die Ware permanent zu spät geliefert wird, kann ich meine Kunden wiederum nicht pünktlich beliefern. Können Sie sich vorstellen, was ich mir von meinen Kunden anhören muß?"
Mitarbeiter: „Das kann ich mit sehr gut vorstellen!"

Immer wenn der Kunde seiner Verärgerung Luft macht, ist er irgendwann damit fertig. Das kann bei größeren Problemen in drei bis vier Etappen vor sich gehen. Wenn er fertig ist, zeigen Sie ehrliches Verständnis. Der Kunde wird sich dadurch zwangsläufig auf eine sachlichere Ebene begeben, denn wenn Sie sich so verhalten, hat er keinen Grund mehr, auf Sie persönlich zu schimpfen. Außerdem gibt er seine Habachtstellung in Sachen Reklamationsabwehr auf.

Nehmen wir einmal an, der Kunde ist von Ihnen zehnmal hintereinander falsch beliefert worden, dann schaffen Sie es natürlich auch mit dieser Methode nicht, ihn im ersten Gespräch „von der Palme" auf eine Ebene zu bringen, auf der er sich bei Ihnen für die gute Zusammenarbeit bedankt. Sie sollten aber versuchen, ihn mit dieser Methode auf eine möglichst tiefe, sachliche Ebene zu bringen. Um diesen Kunden wieder endgültig zufriedenzustellen, müssen noch einige andere Dinge im nachhinein passieren. Darüber erfahren Sie in den weiteren Kapiteln mehr.

Am Ende dieses Kapitels gilt: Konzentrieren Sie sich bei Ihren nächsten Reklamationsgesprächen auf die eben erlernte Methode:

- Begrüßen Sie den Kunden freundlich.
- Lassen Sie ihn erst einmal reden, und hören Sie interessiert zu.
- Bevor Sie Fragen zum Reklamationshergang stellen oder eine Lösung präsentieren, zeigen Sie ehrliches Verständnis für seine Sorgen und Probleme.

2.4 Problemlösungsphase

Wir haben unseren Kunden freundlich begrüßt, wir haben ihm interessiert zugehört, als er uns von seinen Problemen erzählt hat, wir haben ihn ausreden lassen, und wir haben ehrliches Verständnis für seine Probleme gezeigt, ohne ihm in der Sache direkt recht zu geben.

Das sollte künftig immer Ihre angestrebte Basis sein, bevor Sie dem Kunden Fragen zum Reklamationshergang stellen oder eine Lösung anbieten. Prägen Sie sich die ersten drei beschriebenen Phasen gut ein und setzen Sie diese Vorgehensweise in der täglichen Praxis um.

2.4.1 Wie bekommt man Informationen zum Reklamationshintergrund?

Wir haben den Kunden mit der beschriebenen Vorgehensweise auf eine sachlichere Gesprächsebene gebracht und können nun Fragen zum Reklamationshergang stellen, ohne Gefahr zu laufen, daß der Kunde hinter unseren Fragen und Aufforderungen eine Reklamationsabwehr vermutet. Dennoch sollten wir genau überlegen, wie wir dies so formulieren, daß wir zum einen möglichst viele Informationen bekommen, und zum anderen die Bereitschaft des Kunden zur aktiven Mitarbeit erhöhen. Ich erläutere Ihnen die richtige Vorgehensweise anhand einiger Beispiele.

Wie erfährt man die Kundennummer?

Negativbeispiel: „Da müssen Sie mir erst mal Ihre Kundennummer geben!"
Richtiges Beispiel: „Herr S., geben Sie mir bitte Ihre Kundennummer, damit ich Ihnen schnell weiterhelfen kann."

Der Unterschied in der Gesprächsführung liegt klar auf der Hand. Wir haben den Kunden zwar bereits etwas beruhigt, trotzdem wird den meisten Kunden die erste Formulierung mißfallen. Das zweite Beispiel ist netter formuliert, außerdem habe ich einen konkreten Vorteil für den Kunden ins Spiel gebracht. Wenn Sie die Aufforderung mit einem Vorteil verknüpfen, ist die Chance größer, daß der Kunde die benötigten Informationen preisgibt. Wichtig ist dabei, daß der Vorteil wirklich beim Kunden liegt. Im vorliegenden Fall bedeutet das Geben der gewünschten Auskunft für den Kunden, daß ihm schneller weitergeholfen wird.

Nicht so geschickt ist diese Formulierung: „Herr S., geben Sie mir bitte Ihre Kundennummer, damit ich nicht so lange nach dem Vorgang suchen muß." Auch hier haben wir einen Vorteil genannt, aber der Vorteil liegt hier bei uns und nicht beim Kunden.

Sie können Ihren Kunden auch Fragen stellen, wenn Sie Informationen haben möchten, zum Beispiel: „Können Sie mir Ihre Kundennummer geben?" Sie sollten allerdings geschickterweise nicht eine solche geschlossene Frage stellen, weil Sie es damit dem Kunden sehr leicht machen, bequemerweise zu antworten: „Habe ich im Moment nicht vorliegen." Stellen Sie offene Fragen wie: „Herr S., wie lautet Ihre Kundennummer?"

2.4.2 Wie bekommt man Informationen zum Reklamationshergang?

Beachten Sie auch hier, daß Sie die Fragen und Aufforderungen so formulieren, daß sie vom Kunden nicht mit einer Reklamationsabwehr verwechselt werden können. Wie würden Ihre Kunden auf folgende Frage reagieren?

„Herr O., sind Sie auch ganz sicher, daß Sie unser Gerät richtig bedient haben?" Die meisten Kunden reagieren hier mit einem schlichten „Ja". Schlimmstenfalls reizen oder verärgern Sie die Kunden mit dieser Frage. Selbst wenn Sie eine unberechtigte Reklamation vermuten, macht es in dieser Phase des Gesprächs wenig Sinn, vom Kunden zu erwarten, daß er offen zugibt, selbst den Fehler verursacht zu haben.

Ich habe einen Kunden im EDV-Sektor, der häufiger folgenden Reklamationsfall hat: Die Kunden rufen morgens an und reklamieren, daß der Drucker nicht mehr funktioniert. In etwa 40% der Fälle liegt es daran, daß die Putzfrau am Abend zuvor den Netzstecker herausgezogen hat, weil sie die Steckdose für ihren Staubsauger benötigte. Die Mitarbeiter hatten große Probleme, dies den Kunden so mitzuteilen, daß die sich nicht verschaukelt fühlten.

Die einfache Frage „Sind Sie auch sicher, daß der Netzstecker in der Steckdose ist?" führte in vielen Fällen zur endgültigen Verärgerung. Wir haben verschiedenste Formulierungen ausprobiert. Die folgende funktioniert am besten: Zunächst wurden durch vernünftiges Hinterfragen zwei bis drei andere Reklamationsursachen ausgeschlossen, auch wenn wir uns ziemlich sicher waren, daß es wahrscheinlich an dem Netzstecker liegt. Erst dann kamen wir auf den Stecker zu sprechen.

Unsere Frage: „Herr O., ich bitte Sie, folgende Frage nicht falsch zu verstehen. Aber ich hatte gerade gestern einen Kunden am Telefon, der das gleiche Problem hatte wie Sie – wir haben einen Techniker rausgeschickt, und wissen Sie woran es gelegen hat?"
Kunde: „Nein."
Unsere nächste Antwort: „Es hat daran gelegen, daß der Netzstecker von der Putzfrau herausgezogen worden war. Könnten Sie vielleicht mal nachsehen, ob der Drucker am Netz ist?"

Es liegt in der Natur des Menschen, daß er auf Schuldzuweisungen mit Abwehr oder Verteidigung reagiert. Mit der vorgenannten Formulierung mache ich es dem Kunden etwas leichter, weil er nicht allein mit dem Problem dasteht. Andere Kunden hatten ja ebenfalls das gleiche Problem. Auch wenn dieses Beispiel vielleicht nicht unbedingt zu Ihrer Branche paßt, überprüfen Sie Ihre Aussagen regelmäßig, und probieren Sie ruhig mal andere Formulierungen aus.

2.4.3 Wie und wann präsentieren wir die Problemlösung?

Nehmen wir an, Ihr Kunde reklamiert eine Falschlieferung. Sie haben ihn am Telefon freundlich begrüßt, interessiert zugehört, Verständnis für seinen Ärger aufgebracht und einige Hintergrundinformationen vom ihm erhalten. Wenn Ihnen jetzt sofort eine Lösung einfällt, sollten Sie dennoch überlegen, ob Sie diese dem Kunden jetzt sofort präsentieren.

Sollte sich der Kunde weitgehend beruhigt haben, können Sie die Lösung präsentieren. Wenn der Kunde noch immer verärgert ist, wäre es nicht geschickt, ihm jetzt die Lösung zu präsentieren, denn die Chance, daß der Kunde die Problemlösung akzeptiert, wird größer, je mehr er sich beruhigt hat.

Bei den meisten Reklamationsfällen, die ich untersucht habe, ist es außerdem sehr schwierig, im ersten Gespräch eine Problemlösung anzubieten, da der Mitarbeiter zunächst einmal die Ursache und die Lösungsmöglichkeiten recherchieren muß. In vielen Fällen wissen Sie in dieser Phase des Gesprächs ja auch noch nicht, ob es sich um eine berechtigte oder um eine unberechtigte Reklamation handelt. Für beide Fälle gilt dann: Vereinbaren Sie einen Rückruf mit dem Kunden.

Die Zwei-Gespräche-Methode

Ich behandle Reklamationen am Telefon immer in zwei Schritten. Im ersten Gespräch konzentriere ich mich ausschließlich darauf, den Kunden zu beruhigen und ein paar Informationen zum Reklamationshergang zu erhalten. Dann vereinbare ich einen Rückruf mit dem Kunden. Diese Vorgehensweise hat zwei entscheidende Vorteile:

- Erstens ist es viel streßfreier für Sie, in Ruhe nach einer Problemlösung zu suchen, als wenn Sie den Kunden dabei am Telefon haben.
- Zweitens, wenn Sie sich im ersten Gespräch richtig verhalten haben, der Kunde sich etwas beruhigt hat und er das Gefühl hat, daß Sie sich um seinen Fall kümmern, dann wird er sich zwischen dem ersten und dem zweiten Telefonat noch mehr beruhigen.

Sicherlich erfordert die Zwei-Gespräche-Methode etwas Zeit, aber im Prinzip hilft sie Ihnen, eher Zeit zu sparen als zu kosten. Wir untersuchen das regelmäßig und haben dabei folgendes festgestellt: Wenn ein Kunde sehr verärgert ist, und ich versuche ihm im ersten Gespräch sofort eine Lösung anzubieten, hatten wir bei diesen Gesprächen häufiger das Problem, daß der Kunde auf den Lösungsvorschlag erst nach längerer Diskussion eingegangen ist. Das hat in vielen Fällen dazu geführt, daß das eine Gespräch länger gedauert hat als zwei Gespräche kurz hintereinander. Abgesehen vom zeitlichen Aspekt war das Gespräch auch viel nervenaufreibender.

Ich mache Ihnen diese Vorgehensweise an einem extremen Beispiel deutlich: Ein Kunde ruft an, beschwert sich sehr über eine Falschlieferung und verlangt, daß man ihn innerhalb der nächsten zwei Minuten zurückruft und ihm eine Lösung präsentiert. Ich würde mich niemals mit so einem aufgeregten Kunden auf eine Diskussion einlassen, ob ich zwei Minuten brauche oder zwanzig. In diesem Ausnahmefall würde ich die zwei Minuten zusagen, damit ich den Kunden schnell aus der Leitung bekomme.

Ich würde zu ihm sagen: „Herr M., ich kümmere mich sofort um diese Angelegenheit und rufe Sie innerhalb der nächsten zwei Minuten zurück!"

Ich würde den Kunden nach eineinhalb Minuten zurückrufen und sagen: „Dietze, hallo, Herr M., ich bin dabei, eine Lösung zu finden, aber ich brauche noch ein bißchen Zeit. Ich denke, innerhalb der nächsten zwanzig Minuten kann ich Ihnen genau sagen, wie wir das Problem lösen können!"

Diese Vorgehensweise funktioniert und ist vor allen Dingen viel streßfreier.

Wie vereinbart man Rückrufe richtig?

Es kann unter Umständen problematisch sein, einen Kunden dazu zu bringen, sich auf einen Rückruf einzulassen. Das ist zum Beispiel der Fall, wenn der Kunde bereits mehrfach angerufen hat und nie zurückgerufen worden ist.

Die Frage „Kann ich Sie gleich zurückrufen?" wird häufig gestellt, sie birgt jedoch die Gefahr, daß der Kunde sagt: „Nein, ich bleibe jetzt in der Leitung!"

Außerdem ist die Aussage „gleich zurückrufen" zu ungenau und damit für den bereits verärgerten Kunden unglaubwürdig. Unter „gleich" kann der Kunde „innerhalb von ein paar Minuten" verstehen. Sie aber meinen meist, sobald Sie eine Problemlösung gefunden haben. Das kann dauern, und schon ist der nächste Ärger vorprogrammiert.

Wir haben die folgende Frage bei Kunden getestet, die sich eigentlich nicht mehr auf einen Rückruf einlassen wollten, und sie funktioniert wirklich gut:

Die Frage: „Frau G., wo kann ich Sie innerhalb der nächsten zwanzig Minuten erreichen?"

Wo liegt der Unterschied zwischen beiden Fragen? Bei dieser Formulierung fragen Sie den Kunden nicht, ob er zurückgerufen werden will oder nicht, Sie setzen es einfach voraus. Selbst Kunden, die nicht zurückgerufen werden wollten, haben sich nach dieser Frage doch darauf eingelassen. Ein weiterer Vorteil ist, daß Sie mit dieser Frageform Mißverständnisse vermeiden, weil Sie eine klare Aussage bekommen, wie lange der Kunde noch zu erreichen ist. Die meisten Kunden antworten auf diese Frage mit Ihrer Telefonnummer, wenn diese noch nicht bekannt sein sollte.

Sie sollten bei Rückrufzusagen niemals feste Zeitpunkte angeben, sondern Zeitspannen. Die Aussage „Ich rufe Sie schnellstmöglich zurück!" ist genauso ungenau wie „Ich rufe Sie gleich zurück."

89

Die Aussage „Ich rufe Sie in zehn Minuten zurück!" ist problematisch, weil es Kunden gibt, die tatsächlich mit der Stoppuhr in der Hand exakt zehn Minuten warten, dann noch einmal anrufen und noch heftiger reklamieren. Außerdem wissen Sie nicht, ob Sie nicht genau in zehn Minuten verhindert sind. Geben Sie also besser Zeitspannen an „Ich rufe Sie innerhalb der nächsten zehn Minuten, innerhalb der nächsten Stunde, bis 15.00 Uhr zurück".

Wenn Sie eine Rückrufzusage gegeben haben, dann sollten Sie natürlich stets diese Zusage einhalten, und sei es nur, um den Kunden zu informieren, daß Sie noch etwas Zeit brauchen. Wenn Sie den Rückruf früher als versprochen tätigen, werden Sie feststellen, daß sich viele Kunden bereits deutlich ruhiger verhalten als im ersten Gespräch.

Wenn Sie die Zwei-Gespräche-Methode künftig einsetzen, werden Sie feststellen, daß Kunden Ihre Lösungsvorschläge viel leichter akzeptieren. Erinnern Sie sich nur mal an Reklamationsfälle, bei denen Sie dem Kunden überhaupt keine Lösung anbieten konnten oder wollten, dann wird der Sinn der Zwei-Gespräche-Methode noch deutlicher. Wann sage ich einem Kunden, daß ich ihm nicht weiterhelfen kann, wenn er sehr aufgeregt ist oder wenn er sich etwas beruhigt hat? Natürlich wenn er sich etwas beruhigt hat, also im zweiten Gespräch.

2.4.4 Wie präsentiert man Lösungen wertgerecht?

Neben dem richtigen Zeitpunkt der Lösungspräsentation spielt die Art und Weise der Lösungsdarstellung eine äußerst wichtige Rolle. Sie können eine Lösung so präsentieren, daß der Kunde eher und gern darauf eingeht. Nur zu häufig allerdings werden gute Lösungen wie Trostpreise präsentiert. Dazu ein Beispiel.

Ein Kunde ruft an und reklamiert lautstark eine Falschlieferung. Er besteht auf sofortiger Auslieferung der richtigen Ware. Der Mitarbeiter kann im Moment nicht nachvollziehen, ob diese Reklamation berechtigt oder unberechtigt ist, und sagt zum Kunden: „Da kann ich Ihnen im Moment nicht weiterhelfen. Ich muß das nachprüfen und rufe Sie zurück!" Der Kunde reagiert auf diese Aussage noch verärgerter.

Was meinen Sie, lag das negative Gesprächsende am Kunden oder am Mitarbeiter? Es gibt sicher ab und zu Kunden, denen man es nicht recht machen kann und die mit keiner Lösung zufriedenzustellen sind. Das liegt aber dann meistens daran, daß sie mit ihrer Reklamation eigentlich etwas anderes bezwecken wollen. Dazu aber später mehr. Im vorliegenden Fall lag es einfach an den Formulierungen des Mitarbeiters. Der Kunde hat seine Aussagen mißverstanden.

Erste Grundregel für die Präsentation
von Lösungsmöglichkeiten

Sie lautet: Sagen Sie nicht, was Sie nicht tun können, sondern sagen Sie dem Kunden, was Sie tun können, um ihm zu helfen!

Vor einigen Wochen war ich auf dem Münchner Flughafen und hatte vor dem Abflug noch etwas Zeit. Ich ging in eine Cafeteria und setzte mich mit drei Koffern bestückt an einen freien Tisch. Da fiel mir auf dem Tisch ein Schild auf:

Keine Bedienung an den Tischen! Wenig begeistert holte ich mir meinen Kaffee selbst, was gar nicht so einfach war, weil ich immer meine drei Koffer im Auge behalten wollte.

Ein paar Wochen später war ich wieder in München und ging wieder in diese Cafeteria, nahm Platz, und da fiel mir wieder ein, daß hier nur Selbstbedienung ist. Es stand auch noch das Schild auf dem Tisch, aber mit einem anderen Wortlaut: Wir bedienen Sie gern an unserer Theke! Der Unterschied zu dem anderen Schild ist sicher deutlich erkennbar. Hinter beiden Aussagen steht zwar, „Du mußt dir deinen Kaffee selbst holen", jedoch ist die zweite Formulierung einfach besser.

Kommen wir zurück auf unser Reklamationsbeispiel, auf den Kunden, der eine Falschlieferung reklamiert. Anstatt zum Kunden zu sagen: „Da kann ich Ihnen im Moment nicht weiterhelfen!", sollte der Mitarbeiter sagen: „Herr O., ich kann Ihnen weiterhelfen, sobald ich mit unserem Versand gesprochen habe." Beide Formulierungen sagen inhaltlich das gleiche. Die zweite Formulierung wird aber immer besser beim Kunden ankommen. Achten Sie bei Ihren nächsten Reklamationsgesprächen auf diese Vorgehensweise.

Ein weiterer Fehler in unserem Beispiel war die Formulierung: „Das muß ich erst nachprüfen!" Diese Formulierung erzeugt zwangsläufig beim Kunden den Eindruck, daß man ihm nicht glaubt oder sogar unterstellt, er lüge. Der Mitarbeiter muß natürlich prüfen, ob eine berechtigte oder unberechtigte Reklamation vorliegt, und er muß auch überprüfen, welche Lösungen er zur Verfügung hat. Er sollte es allerdings anders formulieren. Wir haben auch hier verschiedene Möglichkeiten an Kunden getestet.

Sagen Sie nicht: „Das muß ich erst nachprüfen!"
Sagen Sie: „Herr O., ich kläre das für Sie. Wo kann ich Sie innerhalb der nächsten Viertelstunde erreichen?"

Probieren Sie diese Formulierung einmal bei Ihrem nächsten Kunden aus, es funktioniert wirklich hervorragend.

*Zweite Grundregel für die Präsentation
der Lösungsmöglichkeiten*

Sie lautet: Präsentieren Sie die Lösung wertgerecht und nicht als Trostpreis!

In unserem Beispiel hat der Mitarbeiter es letztendlich nach langen vermeidbaren Diskussionen doch noch geschafft, den Kunden zu einem Rückruf zu bringen. Er hat die Reklamation geprüft und festgestellt, daß sie berechtigt war. Er hat mit dem Versand gesprochen, und ihm ist zugesagt worden, daß die richtige Ware noch am selben Tag per Kurierdienst zum Kunden gebracht wird. Der Mitarbeiter ruft den Kunden an und präsentiert seine Lösung.

Die Trostpreispräsentation: „Ich habe mit dem Versand gesprochen, die richtige Ware kann frühestens heute nachmittag an Sie rausgehen. Rechnen Sie aber nicht mit einer Auslieferung vor 16.30 Uhr."

Der Mitarbeiter hat eine wirklich gute Problemlösung sehr negativ dargestellt – eben als Trostpreis. Der Mitarbeiter sollte einfach die Lösung positiver formulieren.

Die geschickte Präsentation: „Herr O., ich habe eine gute Nachricht für Sie. Wir werden die richtige Ware heute nachmittag per Kurierdienst zu Ihnen bringen. Sie werden die Ware bereits am späten Nachmittag haben."

Das ist exakt die gleiche Lösung, aber besser formuliert. Dem Kunden wird es nach dieser positiven Aussage viel schwerer fallen, diesen Vorschlag abzulehnen.

Viel schwieriger wird es, wenn Sie dem Kunden nicht so schnell helfen können. Nehmen wir an, der Mitarbeiter bekommt vom Versand die Aussage: „Die richtige Ware kann frühestens in zwei Tagen an den Kunden ausgeliefert werden, weil der Kurierdienst keine Kapazitäten mehr frei hat." Wie verkauft man dem Kunden diese Lösung? Wenn der Mitarbeiter jetzt beim Kunden anruft und sagt: „Herr O., ich habe eine gute Nachricht, die Ware kann schon nächste Woche bei Ihnen sein!", würde der Kunde wahrscheinlich endgültig aus der Haut fahren. Hier sollten wir anders vorgehen.

Wenn Sie Ihren Kunden Lösungen verkaufen müssen, die wahrscheinlich deren Protest erzeugen, dann sollten Sie versuchen, die Erwartungshaltung des Kunden zu senken, bevor Sie diese Lösung anbieten. Ich bitte Sie an dieser Stelle, das nachfolgende Beispiel differenziert zu bewerten. Es gibt natürlich Unterschiede je nach Branche und Aufgabengebiet. Überlegen Sie daher, wie Sie die beschriebene Vorgehensweise auf Ihr Tätigkeitsfeld übertragen können.

Die Erwartungshaltung senkt man geschickterweise bereits im ersten Gespräch mit dem Kunden. Der Kunde ruft bei Ihnen an und reklamiert eine Falschlieferung. Sie begrüßen ihn freundlich, hören aktiv und interessiert zu und zeigen ehrliches Verständnis für seinen Ärger.

Sie sagen: „Herr O., ich kann wirklich gut verstehen, daß Sie sich über diese Falschlieferung geärgert haben. Ich würde mich an Ihrer Stelle genauso ärgern.“

Der Kunde wird sich durch diese Vorgehensweise etwas beruhigen und vielleicht so antworten:

Kunde: „Ihr Verständnis in allen Ehren, aber wann kann ich mit der richtigen Ware rechnen?“

Falls Sie bereits wissen, daß eine schnelle Nachlieferung der richtigen Ware nicht möglich ist, wäre es richtig, jetzt die Erwartungshaltung des Kunden zu senken.

Sie sagen dem Kunden: „Herr O., ich weiß, daß Sie die Ware dringend brauchen. Ich kläre für Sie, wann Sie mit der Lieferung rechnen können. Ich weiß allerdings jetzt schon, daß es etwas dauern kann!“

Der Kunde wird jetzt erfahrungsgemäß noch einmal reklamieren, um seiner Forderung Nachdruck zu verleihen, aber gleichzeitig wird seine Erwartungshaltung hinsichtlich des Liefertermins sinken. Lassen Sie ihn reden, unterbrechen Sie ihn nicht. Wenn er fertig ist, sollten Sie noch einmal Verständnis zeigen.

Sie sagen dem Kunden: „Ich weiß sehr genau, welche Probleme dadurch bei Ihnen entstehen. Ich spreche gleich mit dem Versand und sage Ihnen innerhalb der nächsten zehn Minuten Bescheid, wann die Ware an Sie rausgeht!“

Angenommen der frühestmögliche Liefertermin wäre in zwei Tagen. Ist es dann geschickt, den Kunden anzurufen und ihm das so mitzuteilen? Grundsätzlich ja, da seine Erwartungshaltung bereits gesunken ist. Besser wäre es, zu versuchen, diese Lösung in ein besseres Licht zu rücken.

Sie sagen dem Kunden: „Herr O., wie wir bereits befürchtet haben, gibt es Schwierigkeiten mit der Nachlieferung." Die Erwartungshaltung des Kunden sinkt auf den Nullpunkt. „Die nächste reguläre Tour geht erst in sieben Tagen an Sie. Der Kurierdienst, der normalerweise die eiligen Fälle übernimmt, hat eigentlich erst in vier Tagen wieder freie Kapazitäten." Die Erwartungshaltung des Kunden sinkt in den Gefrierbereich.

Es kann natürlich passieren, daß der Kunde jetzt noch einmal reklamiert und seinen Frust an Ihnen ausläßt, aber das wäre so oder so passiert. In jedem Fall sinkt seine Erwartungshaltung. Das sollte immer Ihr Ziel sein, bevor Sie dem Kunden eine Lösung anbieten, die nicht optimal ist. Erst jetzt präsentieren wir die eigentliche Lösung.

Sie sagen zum Kunden: „Herr O., ich weiß, daß Sie mit der Lieferung in vier Tagen nicht klarkommen. Ich habe deshalb mit dem Kurierdienst folgendes vereinbart. Wir können die Lieferung an einen anderen Kunden mit Ihrer Lieferung verbinden. Das bedeutet, daß Sie Ihre Ware immerhin schon übermorgen bekommen."

Der Kunde hat befürchtet, daß er seine Ware erst in vier Tagen bekommt, und erfährt jetzt, daß sie bereits in zwei Tagen bei ihm ist. Die Chance, daß er diese Lösung akzeptiert, ist nun viel größer, als wenn Sie direkt die Belieferung in zwei Tagen angeboten hätten.

In meinen Seminaren kommt es nach dieser Aussage manchmal zu Diskussionen mit den Teilnehmern, ob diese Vorgehensweise moralisch vertretbar sei. Ich habe lange überlegt, ob ich dieses Beispiel in diesem Buch erwähne. Ich möchte auf keinen Fall, daß bei Ihnen der Eindruck entsteht, daß man nach meiner Meinung Kunden grundsätzlich manipulieren sollte. Ich habe mich aber entschlossen, Ihnen das Beispiel vorzustellen, weil ich denke, daß Sie von mir neue Ideen und Vorgehensweisen erwarten. Weil das Senken der Erwartungshaltung, richtig angewandt, so gut in der Praxis funktioniert, wollte ich es Ihnen auf keinen Fall vorenthalten. Diese Form der Lösungspräsentation sollte dennoch die Ausnahme bleiben. In den meisten Fällen wird es ausreichen, wenn Sie die anderen Anregungen aus diesem Kapitel beherzigen.

2.5 Abspannphase

In dieser Phase des Gesprächs wird der gefundene Lösungsvorschlag noch einmal wiederholt. Sie stellen damit sicher, daß der Kunde diese Lösung verstanden hat und akzeptiert. Ihr Kunde hat eine unvollständige Lieferung reklamiert. Sie haben ihn freundlich begrüßt, aktiv und interessiert zugehört und ehrliches Verständnis für seinen Ärger gezeigt, so daß der Kunde sich schon etwas beruhigt hat. (Ich wiederhole die Grundverhaltensweisen öfter, weil ich möchte, daß sie Ihnen sozusagen in Fleisch und Blut übergehen.) Sie haben dem Kunden angeboten, die fehlenden Teile in zwei Tagen per Spedition auszuliefern, und er hat diese Lösung akzeptiert.

Das Schlimmste, was Ihnen jetzt passieren kann, ist, daß die Auslieferung in den nächsten zwei Tagen nicht erfolgt, aus welchen Gründen auch immer. Der Kunde würde dann erneut bei Ihnen anrufen. Und diese Reklamation wäre sehr schwer zu behandeln, da er Ihnen erst einmal nichts mehr glauben würde. Lassen Sie uns deshalb an dieser Stelle darüber nachdenken, wie wir dieser möglichen Situation vorbeugen könnten.

Was bedeutet Kundenverpflichtung?

Immer dann, wenn der Kunde vor Ihnen das Eintreten einer Reklamation erkennen kann, also z.B. Liefertermine, Lieferumfang, Richtigkeit der gelieferten Ware und Zusagen aller Art, sollten Sie versuchen, den Kunden in mögliche Reklamationen mit einzubinden. Sie haben Ihrem Kunden zugesagt, daß die fehlenden Teile per Spedition in zwei Tagen ausgeliefert werden.

Wie können Sie verhindern, daß der Kunde in zwei Tagen bei Ihnen anruft und Sie für das Ausbleiben der zugesagten Lieferung verantwortlich macht? Indem wir den Kunden in der Abspannphase, also gegen Ende des Reklamationsgesprächs, verpflichten. Der Kunde hat sich hier bereits beruhigt.

Sie sagen zum Kunden: „Herr O., die Spedition ABC ist, wie Sie wissen, normalerweise sehr zuverlässig. Ich habe dennoch eine Bitte. Sollte die Lieferung wider Erwarten übermorgen bis 11.30 Uhr nicht bei Ihnen eingetroffen sein, rufen Sie mich doch bitte an, damit ich mich sofort darum kümmern kann."

Was meinen Sie, in welcher Verfassung wird dieser Kunde übermorgen um 11.31 Uhr bei Ihnen anrufen? Wird er Sie beschimpfen, laut schreien oder damit drohen, nie wieder etwas bei Ihnen zu kaufen? Nein, er wird sich ganz anders verhalten. Er wird wohl enttäuscht sein, aber sachlich mit Ihnen sprechen, weil Sie ihn in die Problemlösung einbezogen haben. Wichtig ist, daß Sie die Kundenverpflichtung zu einem Zeitpunkt vornehmen, zu dem der Kunde sich bereits beruhigt hat.

Es wäre sicher noch besser, wenn Sie die Spedition verpflichten würden, sich beim Kunden zu melden, wenn eine Verspätung absehbar ist. (Wir werden über das Thema Zuliefererverpflichtung in einem späteren Kapitel sprechen.) In der Praxis ist es jedoch sehr schwer, das grundsätzlich zu bewerkstelligen.

Die Kundenverpflichtung können Sie fast bei jeder Reklamation vornehmen. Sie werden wirklich erstaunt sein, wieviel Streß und Nerven Ihnen diese Technik künftig ersparen wird.

Lösungsvorschläge mit Kundenverpflichtung

Auf den folgenden Seiten finden Sie einige Beispiele von Lösungsvorschlägen und die dazu gehörenden Kundenverpflichtungen.

Beispiel eins: Der Kunde möchte einen Kollegen oder Vorgesetzten sprechen. Das ist im Moment nicht möglich, weil beide in einer Besprechung sind. Der Kunde bittet Sie, den Rückrufwunsch auszurichten. Wenn Sie jetzt befürchten, daß der Kollege oder Vorgesetzte, aus welchen Gründen auch immer, diesen Rückruf nicht tätigt, sollten Sie eine Kundenverpflichtung vornehmen.

Kundenverpflichtung: „Herr Müller, ich weiß leider nicht genau, wie lange die Besprechung noch dauert und wann ich Herrn Martin den Rückruf ausrichten kann. Können wir folgendermaßen verbleiben: Sollte sich Herr Martin bis 14.00 Uhr noch nicht bei Ihnen gemeldet haben, rufen Sie mich doch noch einmal an."

Die meisten Kunden sind damit einverstanden. Der Kunde hat Ihnen gegenüber den Rückrufwunsch geäußert, und er würde Sie dafür verantwortlich machen, wenn der Rückruf nicht erfolgt. Durch die Kundenverpflichtung haben Sie einer möglichen Reklamation vorgebeugt.

Beispiel zwei: Der Kunde reklamiert den Ausfall einer von Ihnen gelieferten Maschine. Sie entscheiden sich aufgrund der Gegebenheiten dafür, einen Techniker zum Kunden zu schicken, der die Maschine vor Ort reparieren soll. Sie sagen dem Kunden zu, daß der Techniker am nächsten Tag um 8.30 Uhr bei ihm erscheint. Wenn Sie befürchten, daß der Techniker durch bestimmte Umstände den Termin nicht pünktlich einhält, sollten Sie eine Kundenverpflichtung vornehmen.

Kundenverpflichtung: „Herr Schneider, sollen wir es so machen? Unser Techniker kommt morgen früh gegen 8.30

Uhr zu Ihnen, um die Maschine zu reparieren. Ich habe noch eine Bitte, Herr Schneider: Sie wissen, wie morgens die Verkehrssituation aussieht. Sollte unser Techniker bis 8.40 Uhr nicht bei Ihnen sein, rufen Sie mich bitte kurz an, damit ich mich direkt darum kümmern kann."

Der Kunde hat mit Ihnen den Technikerbesuch vereinbart, und er würde Sie anrufen und bei Ihnen reklamieren, wenn der Techniker nicht kommt. Da Sie den Kunden verpflichtet haben, wird er sie zwar anrufen, wenn der Techniker nicht kommt. Er wird Sie aber weder anschreien noch beschimpfen, sondern sachlich mit ihnen sprechen.

Beispiel drei: Ein Kunde reklamiert den teilweisen Ausfall eines Gerätes, das er bei Ihnen gekauft hat. Sie können dem Kunden am Telefon direkt weiterhelfen, und das Gerät arbeitet wieder. Falls Sie befürchten, daß bei diesem Kunden ein ähnlicher Fehler auftritt, Sie dies aber nicht vermeiden können, sollten Sie wiederum eine Kundenverpflichtung vornehmen.

Kundenverpflichtung: „Herr Schreiber, prima, daß ich Ihnen so schnell weiterhelfen konnte. Das Gerät, das Sie bei uns gekauft haben, ist an sich wirklich sehr gut. Der Teufel kann manchmal im Detail stecken. Können wir so verbleiben: Sollte wider Erwarten ein weiteres Problem auftauchen, rufen Sie mich an."

Natürlich wäre es besser, wenn Sie regelmäßig Kontakt zum Kunden halten könnten, aber die Praxis zeigt, daß dies heute oft nicht möglich ist. Auch in diesem Fall haben Sie durch die Kundenverpflichtung aktiv einer unsachlichen Reklamation vorgebeugt.

Fassen wir zusammen

So, das waren die fünf Phasen eines professionell geführten Reklamationsgesprächs. Sie haben auf den vorhergehenden Seiten sicher eine Menge neuer Tips und Anregungen gefunden. Setzen Sie die einzelnen Punkte nach und nach in die Praxis um.

- Beginnen Sie damit, grundsätzlich Ihre Kunden freundlich zu begrüßen, denn allein dieser Punkt nimmt viel Aggression aus den Reklamationsgesprächen.
- Lassen Sie Ihre Kunden ausreden.
- Zeigen Sie ehrlich gemeintes Verständnis, bevor Sie über eine Problemlösung nachdenken und diese dem Kunden anbieten.
- Die Kundenverpflichtung lege ich Ihnen besonders ans Herz, da Sie durch diese Technik zukünftig viele unsachliche Reklamationen vermeiden werden.

In den nächsten Kapiteln werden wir uns mit besonders schwierigen Situationen im Zusammenhang mit Reklamationen beschäftigen. Und dann geht's weiter damit, wie Sie eine Reklamation zu einem positiven Abschluß bringen und verlorenes Vertrauen zurückgewinnen.

3
Wie verhält man sich,
wenn ein Kunde droht, ...

Wenn Kunden verärgert sind, kommt es vor, daß sie drohen. Es gibt viele verschiedene Arten von Drohungen. Kunden drohen mit dem Beenden der Geschäftsbeziehung, mit dem Anwalt, mit den Medien, mit Stornierung des Auftrags, mit Regreß- und Folgekosten, mit Zahlungsverweigerung, und sie drohen damit, anderen Kunden von den Problemen zu erzählen, die sie mit Ihnen gehabt haben.

Drohungen können in allen Phasen des Reklamationsgesprächs vorkommen. Direkt nach der Begrüßung, während der Kunde von seinen Problemen erzählt, oder in der Phase der Problemlösung. Es ist äußerst wichtig, daß Sie den richtigen Umgang mit Drohungen beherrschen, da in diesem Bereich sehr viele Verluste an Kunden zu verzeichnen sind.

Warum droht ein Kunde? Weil er Sie nicht leiden kann? Natürlich nicht, Kunden drohen aus zwei Gründen:

- Kunden drohen, weil sie ihrer Forderung Nachdruck verleihen wollen.
- Kunden drohen, wenn sie das Gefühl haben, daß man ihre Probleme nicht ernst genug nimmt.

Lassen Sie uns die einzelnen Drohungen genau betrachten. Wir werden gemeinsam eine Strategie entwickeln, die Ihnen dabei helfen wird, künftig besser mit Drohungen umzugehen.

3.1 ... die Zusammenarbeit zu beenden

Stellen Sie sich 100 sehr verärgerte Kunden vor, die plötzlich damit drohen, nicht mehr mit Ihnen zusammenzuarbeiten. Wie viele von diesen 100 Kunden haben eigentlich konkret vor, ihre Drohung wahrzumachen? Zwei? Fünfzig? Achtzig? Neunzig? Keiner? Wenn ich diese Frage in meinen Seminaren stelle, kommt häufig folgende Aussage: „Die meisten Kunden, die drohen, haben eigentlich gar nicht vor, zu wechseln, sie wollen nur Druck machen." Ist diese Antwort richtig oder falsch? Sie ist im Grunde genommen richtig, man bewegt sich aber auf sehr dünnem Eis. Wenn Sie innerlich davon ausgehen, daß der Kunde seine Drohung sowieso nicht wahr machen will, laufen Sie Gefahr, den Kunden nicht ernstzunehmen. Der Kunde wird das in den meisten Fällen spüren. Um diese Frage realitätsbezogen zu beantworten, müssen wir zunächst den Zeitpunkt der Drohung mit der Wahrscheinlichkeit der Umsetzung der Drohung ins Verhältnis setzen.

Gehen Sie davon aus, daß in dem Augenblick, in dem Kunden damit drohen, nicht mehr bei Ihnen zu kaufen, etwa 75% der Kunden wirklich konkret vorhaben, zu wechseln. Der Kunde ist maximal aufgeregt, und wenn Sie in diesem Moment nicht richtig reagieren, kann es Ihnen passieren, daß der Kunde wirklich wechselt.

Wenn der Kunde bei Ihnen etwas reklamiert, gleichzeitig mit Wechsel droht und Sie ihm schnell weiterhelfen können, kann es gut sein, daß er seine Drohung am nächsten Tag schon wieder vergessen hat. Davon sollten Sie aber nicht unbedingt ausgehen. In dem Moment, in dem ein Kunde droht, hat er es meistens auch konkret vor. Deshalb ist es so wichtig, daß Sie in dieser Situation richtig reagieren.

Wir führen bei Firmen, die wir betreuen, sogenannte Kundenrückgewinnungsprogramme durch. Das bedeutet, wir versuchen, verlorene Kunden für diese Unternehmen zurückzugewinnen. Das beginnt meistens damit, daß wir zu diesen Kunden Kontakt aufnehmen, um einen Gesprächstermin zu vereinbaren. In diesem Gespräch befragen wir die Kunden zunächst nach den Ursachen des Wechsels. Regelmäßig hören wir folgende Antwort auf die Frage nach dem Grund des Wechsels:

Die Begründung des Kunden: „Das kann ich Ihnen ganz genau sagen. Wir haben mit dieser Firma ungefähr drei Jahre zusammengearbeitet. Es kam hin und wieder zu Reklamationen, was aber nicht der eigentliche Grund für den Wechsel war. Bei uns treten genauso Reklamationen auf, das kann immer mal passieren. Was mich wirklich geärgert hat, war, daß immer versucht wurde, mir die Schuld in die Schuhe zu schieben. Ich habe nicht einmal erlebt, daß sich die Firma bei uns entschuldigt hätte. Ich hatte irgendwie das Gefühl, denen ist das egal. Und als dann einmal ihr zuständiger Außendienstmitarbeiter bei mir zu Besuch war, habe ich ihm gesagt, daß ich mir einen anderen Lieferanten suchen werde, wenn das so weitergeht."

Daraufhin fragte ich den Kunden, wie der Mitarbeiter reagiert hat.

Die Antwort des Kunden: „Genau darum geht es ja, er hat überhaupt nicht auf meine Drohung reagiert, ich glaube, der

105

hat nur leicht mit den Schultern gezuckt, und da habe ich mich wirklich von diesem Lieferanten getrennt, allein, um nicht mein Gesicht zu verlieren."

Ich fragte dann den Kunden, welche Reaktion er von dem Mitarbeiter erwartet hätte.

Die Antwort des Kunden: „Ich hätte zumindest erwartet, daß es ihm leid tun würde, mich als Kunde zu verlieren. Irgend etwas Menschliches eben."

Dieses Beispiel steht stellvertretend für sehr viele konkrete Fälle, die ich in den letzten Jahren untersucht habe. Viele Kunden hatten eigentlich nicht konkret vor, zu wechseln, aber die falsche oder nicht vorhandene Reaktion auf die Drohung mit Wechsel führte dazu, daß die Kunden tatsächlich gewechselt haben.

Drohungen, gleich welcher Art, treten immer dann verstärkt auf, wenn Kunden das Gefühl haben, daß man ihren Wünschen und Problemen gleichgültig gegenübersteht. Womit wir wieder beim professionellen Reklamationsgespräch wären. Wenn ein Kunde mit einer Reklamation zu Ihnen kommt oder bei Ihnen anruft, Sie ihn freundlich begrüßen, ihm interessiert zuhören und ehrliches Verständnis für seine Probleme aufbringen, wenn Sie ihm dann auch noch das Gefühl geben, daß Sie sich schnell um sein Problem kümmern, dann ist es so gut wie ausgeschlossen, daß dieser Kunde mit der Aufkündigung seiner Zusammenarbeit droht. Gerade die Drohung mit Wechsel kommt immer dann, wenn der Kunde sich verständnislos behandelt fühlt.

Wenn der Kunde droht und danach ohne Pause weiterspricht, dürfen Sie ihn natürlich nicht unterbrechen, um unbedingt etwas zu erwidern. Wenn der Kunde jedoch droht und nach der Drohung eine Pause macht, also von Ihnen eine Reaktion erwartet, dann sollten Sie immer reagieren. Die richtige Vorgehensweise sieht folgendermaßen aus:

Erste Möglichkeit

Bei berechtigten Reklamationen könnte das so klingen:

Kunde droht: „Wenn ich das richtige Ersatzteil nicht bis morgen habe, seid ihr mich als Kunden los!"
Antwort des Mitarbeiters: „Herr Werner, ich kann wirklich gut verstehen, daß Sie sich über die Falschlieferung geärgert haben. Ich mache Ihnen einen Vorschlag: Ich werde sofort mit dem Lager Rücksprache halten und Ihnen Bescheid geben, wann das richtige Ersatzteil an Sie rausgeht. Wo kann ich Sie innerhalb der nächsten zehn Minuten erreichen?"

Diese Möglichkeit bedeutet, Verständnis für den Kunden mit einem Lösungsvorschlag zu verbinden.

Zweite Möglichkeit

Bei berechtigten Reklamationen könnte es so aussehen:

Kunde droht: „Wenn ihr diese häufigen Lieferverspätungen nicht abstellt, werde ich mir wohl einen anderen Lieferanten suchen müssen."

Antwort des Mitarbeiters: „Herr Werner, ich hoffe, daß es nicht soweit kommen muß. Ich werde ein Meeting mit allen beteiligten Abteilungen bei uns durchführen, damit wir dieses Problem in den Griff kriegen."

Diese Möglichkeit bedeutet, ehrlich gemeintes Bedauern mit dem Erforschen und Abstellen der Reklamationsursache zu verbinden.

Dritte Möglichkeit

Sie kann angewendet werden bei berechtigten Reklamationen, wenn Sie den Kunden sehr gut kennen.

Kunde droht: „Frau Müller, das geht nicht gegen Sie, wir beide sind ja immer gut miteinander klargekommen. Aber wenn diese häufigen Falschlieferungen nicht aufhören, werde ich mir wohl einen anderen Lieferanten suchen müssen."
Antwort der Mitarbeiterin: „Herr Werner, ich fände es wirklich sehr schade, Sie als Kunden zu verlieren. Ich gebe diese Information auf jeden Fall an den Verkaufsleiter weiter, damit da etwas passiert."

Diese Möglichkeit bedeutet, sehr persönliches Bedauern mit dem Weiterleiten an die Geschäftsleitung zu verbinden. Das können Sie immer dann machen, wenn Sie selbst keine konkreten Lösungsvorschläge anbieten können. Wichtig ist, daß Sie persönliches Bedauern ausdrücken. Wenn Frau Müller nur sagt: „Ich werde das an die Geschäftsleitung weiterleiten.", entsteht beim Kunden der Eindruck, daß es Frau Müller selbst absolut egal ist, ob der Kunde bleibt oder nicht.

Vierte Möglichkeit

Wenn Sie nicht ganz sicher sind, ob es eine berechtigte oder eine unberechtigte Reklamation ist, könnte der Dialog so lauten:

Kunde droht: „Ihr habt uns schon wieder falsch beliefert, wenn das noch einmal vorkommt, seid ihr mich als Kunden los!"

Antwort des Mitarbeiters: „Herr Werner, es tut mir ehrlich leid, daß Sie so verärgert sind. Ich mache Ihnen einen Vorschlag, ich kläre sofort mit dem Versand, was da passiert ist und wie schnell das richtige Teil bei Ihnen sein kann. Wo kann ich Sie innerhalb der nächsten Viertelstunde erreichen."

Diese Vorgehensweise heißt unverbindliches, aber dennoch ehrliches Verständnis zeigen und danach das Interesse des Kunden auf die Lösungsmöglichkeiten lenken.

Ich habe diese Formulierungen in sehr vielen Life-Gesprächen mit Kunden getestet. Probieren Sie es selbst einmal aus, diese Vorgehensweisen funktionieren hervorragend.

Der Kunde droht mit Wechsel, kommt aber wieder

Wie verhält man sich, wenn der Kunde trotz einer sehr massiven Wechseldrohung wiederkommt, also Kunde bleibt?

Der Kunde hat lautstark verkündet, daß er nie wieder mit Ihnen zusammenarbeiten wird, und ein paar Tage später ist er am Telefon oder kommt persönlich vorbei, um seine nächste Bestellung aufzugeben. Sollte man noch etwas in bezug auf seine Drohung sagen, oder sollte man so tun, als wäre nie etwas passiert? Das folgende Beispiel wird Ihnen zeigen, wie die richtige Antwort aussieht.

Ich hatte vor einigen Jahren die Aufgabe, anläßlich eines Kongresses in Köln einen Vortrag zum Thema Kundenorientierung zu halten. Am Tag zuvor hatte ich meinen Wagen zur Inspektion bei meinem Händler abgegeben und ihn am Abend wieder abgeholt. Ich fuhr am nächsten Morgen pünktlich um 7.00 Uhr los und war nach wenigen Minuten auf der Autobahn in Richtung Köln. Ich hatte erst zwei Kilometer hinter mir, als der Wagen plötzlich merkwürdige Geräusche von sich gab und nach weiteren 500 Metern schließlich liegenblieb.

Ich muß dazu sagen, daß es an diesem Tag stark regnete. Im Eifer des frühen Aufbruchs hatte ich meinen Schirm und mein Mobiltelefon zu Hause vergessen. Das war die Situation: Der Wagen stand, es regnete in Strömen und in Köln warteten ungefähr 400 Menschen auf meinen Vortrag. Kein Handy, kein Schirm, also machte ich mich auf den Weg zur nächsten Notrufsäule.

Der gelbe Engel war bereits nach 20 Minuten bei mir, und bevor wir uns den Wagen anschauten, überließ mir der Mann vom ADAC netterweise sein Telefon, so das ich meinen Kunden in Köln informieren konnte. Der war natürlich brummig, sah aber schließlich ein, daß hier höhere Gewalt vorlag. Er verlegte zwei Beiträge so, daß ich erst in drei Stunden mit meinem Vortrag an der Reihe war. Somit hatte ich genug Zeit, mich umzuziehen und mit dem Taxi nach Köln zu fahren.

Mein Wagen wurde in eine nahegelegene Werkstatt geschleppt und repariert. Als ich mein Auto wieder abholte, wollte ich natürlich wissen, was die Ursache für die Panne war. Bei der Inspektion wurde trotz ausdrücklicher Vorgabe ein wichtiges Teil am Motor nicht gewechselt, was jetzt zu einem erheblichen Schaden am Motor geführt hat.

Mit dieser Information „bewaffnet" fuhr ich zu dem Autohaus, in dem die Inspektion durchgeführt worden war. Ich ging geradewegs zum Geschäftsführer und reklamierte, zunächst noch ziemlich sachlich. Ich erzählte ihm von dem ganzen Streß, den ich durch diese Schlamperei hatte, und zeigte ihm den Reparaturbericht der anderen Werkstatt. Anstatt Verständnis für meine Probleme aufzubringen, versuchte der sich rauszureden: „Wir sind alle nur Menschen, so was kann immer mal passieren. Oder haben Sie noch nie einen Fehler gemacht?" Dabei stand er vor mir, die Arme verschränkt und leicht auf den Zehenspitzen wippend.

Und da riß bei mir wirklich der Geduldsfaden. Nicht nur daß die Inspektionen in diesem Autohaus sehr teuer sind und solche Fehler nicht vorkommen sollten, machte mich richtig böse, sondern seine Gleichgültigkeit. Ich drohte damit, nie wieder auch nur einen Wagen für mich und meine Mitarbeiter bei ihm zu kaufen, und daß dies außerdem die letzte Inspektion war, die er für mich durchgeführt hat.

Ich drohte also mit Wechsel. Wissen Sie, wie seine Reaktion darauf war? Er zuckte leicht mit der Achsel und meinte, man könne es nicht allen Kunden recht machen. Mit anderen Worten, diesem Mann war es absolut egal, ob ich dort Kunde war oder nicht. Ich drehte mich um und ging. Und glauben

Sie mir, in diesem Moment war ich zu 150% entschlossen, diesen Laden nie wieder zu betreten.

Nachdem der erste Ärger bei mir verraucht war, bereute ich schon ein wenig meine heftige Reaktion. Der nächste Händler für die Marke meines Autos liegt einige Kilometer entfernt, und der von mir selbst angedrohte Wechsel würde in erster Linie für mich nur zusätzlichen Aufwand bedeuten, z.B. bei der nächsten Inspektion. Meine 150%ige Einstellung, nie wieder zu diesem Händler zu gehen, schmolz auf 90%. Der Hersteller behob den entstandenen Schaden äußerst kulant, und so wurden aus den 90% im Lauf der nächsten Tage 40%.

Als einen Monat später die nächste Inspektion anstand, war ich soweit, es doch noch einmal mit dieser Firma zu versuchen. Diesen Tag werde ich wohl mein Leben lang nicht vergessen. Ich betrat das Autohaus, in dem sich an diesem Morgen schon einige Kunden befanden. Der Geschäftsführer erkannte mich, baute sich mit verschränkten Armen vor mir auf und sagte mit leicht hämischem Grinsen: „Na, doch wieder da?" Die anderen Kunden schauten mich nur an und dachten sich wohl ihren Teil. Ich konnte in dieser Situation nur eins tun, mich umdrehen und gehen, sonst hätte ich endgültig mein Gesicht verloren.

Wenn Ihr Kunde mit Wechsel droht und dennoch Kunde bleibt, sollten Sie entweder darüber hinweggehen, oder, wenn er den Wechsel bei Ihnen persönlich massiv angekündigt hat und wiederkommt, Ihre Freude darüber ausdrücken: „Herr Werner, schön, daß wir weiterhin miteinander arbeiten!" Jeder Kunde freut sich, wenn man ihm das Gefühl gibt, willkommen zu sein. Sie haben damit auch einen großen Schritt in Richtung Kundenbindung unternommen. In keinem Fall sollten Sie ihn an seine Drohung erinnern, weil das in den meisten Fällen zum sofortigen Verlust des Kunden führen würde.

3.2 ... zur Konkurrenz zu gehen

Wie verhält man sich richtig, wenn der Kunde einen bevorstehenden Wechsel zum Wettbewerb ankündigt? Wir sprechen hier nicht von der Situation, in der ein Kunde im Rahmen einer Reklamation mit einem Wechsel droht. Hier ist die Situation gemeint, daß der Kunde Sie im Rahmen eines normalen Gesprächs sachlich darüber informiert, daß er ab dem nächsten Monat mit Ihrem Wettbewerber zusammenarbeiten wird.

Kunde: „Ich wollte Sie der Fairneß halber noch darüber informieren, daß ich mich entschlossen habe, ab dem nächsten Monat mit der Firma XY GmbH zusammenzuarbeiten."

Wenn Sie mit so einer Aussage konfrontiert werden, sollten Sie versuchen zu retten, was zu retten ist. Drücken Sie Ihr Bedauern aus, und fragen Sie Ihren Kunden, wie Sie dies verhindern können.

Mitarbeiter: „Herr Werner, ich fände es wirklich schade, Sie als Kunden zu verlieren. Was kann ich denn tun, damit es nicht soweit kommt?"

Je nachdem, in welcher Position Sie tätig sind, sollten Sie in jedem Fall eine entsprechende Information an den Vertrieb oder die Geschäftsleitung weiterleiten, damit hier entsprechend alle sinnvollen Möglichkeiten ausgeschöpft werden können, um diesen Schritt zu verhindern. Immer unter der Voraussetzung, Sie wollen diesen Kunden behalten. Es gibt sicherlich auch Kunden, bei denen ein Wechsel gar nicht so arg schlimm ist. Doch darüber sprechen wir später noch.

Wie verhält man sich, wenn der Wechsel zum Wettbewerber unabwendbar ist?

Ich setze natürlich voraus, daß Sie alles versucht haben, um den Kunden zu halten. Alle Maßnahmen waren ergebnislos, der Kunde wird wechseln und informiert Sie darüber.

Kunde: „Ich weiß Ihre Bemühungen zu schätzen, meine Entscheidung ist aber endgültig. Ich habe bereits entsprechende Verträge mit der anderen Firma unterzeichnet."

Wie verhalten wir uns nun, wo der Wechsel nicht mehr rückgängig zu machen ist? Würde es etwas bringen, den Kunden über mögliche Probleme bei dem Wettbewerb zu informieren?

Falsche Reaktion des Mitarbeiters: „Herr Werner, die Firma XY GmbH kocht auch nur mit Wasser, soviel ich weiß, haben die ziemliche Probleme mit ihren Lieferzeiten."

Vergessen Sie es! So eine Aussage führt meistens dazu, daß der Kunde den Wettbewerber in Schutz nimmt. Wenn der Kunde sich bereits vertraglich gebunden hat, werden Sie es

114

mit dieser Aussage niemals erreichen, daß er bei Ihnen bleibt.

Stellen Sie sich vor, ein guter Bekannter erzählt Ihnen stolz, daß er sich ein neues Auto gekauft hat. Sie fragen ihn nach dem Fabrikat, und als er es Ihnen nennt, verziehen Sie Ihr Gesicht und erzählen Ihrem Bekannten von Qualitäts- problemen bei dieser Marke. Die Reaktion Ihres Bekannten läßt sich vorhersehen. Er würde seine Entscheidung verteidi- gen und sein neues Auto in Schutz nehmen. Er kann Ihnen nicht recht geben, weil er damit seine eigene Entscheidungs- fähigkeit in Frage stellen würde. Darüber hinaus würde er sich von Ihnen schlecht behandelt fühlen.

Genau das gleiche gilt in dieser Situation für Ihren Kun- den. Selbst wenn Sie genau wissen, daß beim Wettbewerber Schwierigkeiten auftreten können, macht es wenig Sinn, es dem Kunden zu sagen, wenn seine Entscheidung endgültig ist. Sie sollten sich in dieser Situation darauf konzentrieren, dem Kunden zu vermitteln, wie sehr Sie seinen Wechsel bedauern, und Sie sollten dafür sorgen, daß er wieder zu Ih- nen zurückkommen kann, ohne sein Gesicht zu verlieren.

Richtige Antwort des Mitarbeiters: „Ich finde es sehr schade, daß es soweit gekommen ist. Dennoch, Herr Werner, möchte ich Ihnen folgendes anbieten. Sollten bei Ihnen künftig Fragen auftreten zu unserem Thema, können Sie mich jederzeit anrufen. Ich helfe Ihnen gerne weiter."

Warum ist es wichtig, so zu reagieren? Irrtümlicher Weise meinen viele Unternehmen, verlorene Kunden kehrten auto- matisch zurück, sobald sie erkennen, daß sie bei Ihnen besser aufgehoben sind als beim Wettbewerber. Das stimmt nur bedingt. Gehen Sie davon aus, daß es in jeder Branche Kunden gibt, die recht bald merken, daß der Wettbewerber zuviel versprochen hat, sich aber einfach nicht mehr trauen, zu Ihnen zurückzukehren.

Das beste Beispiel dafür sind unberechtigte Reklamationen: Ein Kunde reklamiert bei Ihnen eine Falschlieferung und wird dabei richtig massiv. Das Gespräch endet in einem Streit, und der Kunde legt auf. Nach dem Telefonat beichtet ihm ein Mitarbeiter, Sie seien überhaupt nicht schuld, weil er selbst falsch bestellt habe. Glauben Sie, der Kunde ruft bei Ihnen an und entschuldigt sich? Nur Ausnahmen bestätigen die Regel. Gott sei Dank gibt es Kunden, die das tun. Die Mehrzahl der Kunden wird es aber mit Sicherheit nicht tun. Gehen Sie davon aus, daß dieser Kunde nie wieder bei Ihnen anruft. Lassen Sie also immer die Tür möglichst weit offen, damit der Kunde wiederkommen kann, ohne sein Gesicht zu verlieren.

Warum sollte man Kontakt halten
zu verlorenen Kunden?

Nun denken Sie vielleicht, der Dietze geht etwas zu weit. Wir haben kaum Zeit genug, uns um unsere aktiven Kunden zu kümmern, und jetzt sollen wir auch noch zu verlorenen Kunden Kontakt halten. Keine Sorge. Ich fordere Sie nicht auf, verlorene Kunden dreimal in der Woche anzurufen, um zu fragen, ob sie wieder zurückkommen wollen. Sie können auf drei einfache Weisen Kontakt halten, und zwar persönlich, telefonisch und schriftlich.

Wenn es in Ihrem Unternehmen üblich ist, den Kunden regelmäßig schriftliche Unterlagen zu schicken, z.B. über neue Produkte, verbesserten Service, spezielle Aktionen, Messen, Weihnachten, Geburtstage, Jubiläen usw., sollte man diese Informationen auch weiterhin an den verlorenen Kunden senden.

In vielen Unternehmen wird heute noch nach dem Motto gehandelt: „Wer nicht mehr Kunde ist, ist auch nicht mehr mein Freund." Diese Denkweise ist falsch. Es gibt zwei gewichtige Gründe dafür, warum es richtig ist, verlorene Kunden weiterhin schriftlich zu informieren.

Grund eins:
Wir wollen den Kunden so schnell wie möglich
zurückgewinnen

Sie kennen bestimmt den Ausspruch „Aus den Augen aus dem Sinn«. Sobald der Kunde nichts mehr von Ihnen hört, werden auch die positiven Seiten der ehemaligen Geschäftsverbindung langsam aus seinem Gedächtnis verschwinden. Wir haben vorhin darüber gesprochen, daß es richtig ist, die Tür für den Kunden offenzuhalten, damit er wiederkommen kann. Indem Sie ihn weiterhin informieren, geben Sie dem Kunden die Gewißheit, daß Sie nach wie vor Interesse an ihm haben. Sie erhöhen damit die Chance, daß er zu Ihnen zurückkehrt, sobald er mit Ihrem Wettbewerber Schwierigkeiten bekommt. Wenn Sie es schaffen, diesen Kunden zurückzugewinnen, haben Sie einen echten neuen Stammkunden gewonnen.

Es gibt je nach Branche Unterschiede, wie schnell man einen verlorenen Kunden wiedergewinnen kann. In manchen Bereichen gelingt dies von heute auf morgen, in anderen wiederum kann es einige Jahre dauern. Selbst wenn es in Ihrer Branche sehr lange dauert, bis Sie einen Kunden zurückgewinnen können, erweist es sich als sinnvoll, diesen Kunden weiterhin zu informieren.

Grund zwei:
Wir wollen die Gefahr
negativer Propaganda einschränken

Ehemalige Kunden neigen dazu, über schlechte Erfahrungen zu sprechen. Wenn der Kunde nichts mehr von Ihnen hört, machen Sie es ihm leichter, schlecht über Ihr Unternehmen zu reden. Negative Propaganda werden Sie nie ganz vermeiden können. Aber wenn Sie den Kunden in gewohnter Weise weiterhin auf dem laufenden halten, fällt es ihm erfahrungsgemäß schwerer, sich negativ über Ihre Firma zu äußern.

3.3 ... einen Anwalt einzuschalten

Wenn der Kunde mit seinem Anwalt droht, sollten Sie diese Drohung ernst nehmen, obwohl die Anwaltsdrohung oft weniger emotional eingebracht wird als die Drohung mit Wechsel. Stellen Sie sich ebenfalls 100 Kunden vor, die plötzlich damit drohen, Ihren Anwalt einzuschalten. Wie viele von ihnen haben ernsthaft die Absicht, zu ihrem Anwalt zu gehen? Fünfzig? Achtzig? Neunzig? Keiner? Es sind im

Durchschnitt gerade mal etwa 15%, die es wirklich konkret vorhaben, ungefähr 85% der Kunden drohen meistens „nur" damit.

Warum drohen die meisten Kunden, obwohl sie eigentlich gar nicht vorhaben, ihre Drohung zu realisieren? Es ist im Prinzip ähnlich wie bei der Drohung mit Wechsel:

- Kunden drohen mit dem Anwalt, weil sie ihrer Forderung Nachdruck verleihen wollen.
- Kunden drohen mit dem Anwalt, wenn sie das Gefühl haben, daß man ihre Probleme nicht ernst genug nimmt.
- Kunden drohen mit dem Anwalt, wenn sie das Gefühl haben, daß man ihnen nicht weiterhelfen will.

Aus diesen drei hauptsächlichen Beweggründen für die Anwaltsdrohung läßt sich die richtige Vorgehensweise sehr gut ableiten. Dazu ein Beispiel:

Der Kunde Herr Seidl aus München hat vor zwei Wochen sein neues Auto bekommen. Von Anfang an macht der Wagen merkwürdige Geräusche beim Schalten. Herr Seidl reklamiert dies bereits nach zwei Tagen und bekommt zu hören, dies sei völlig normal, und es höre nach etwa 200 gefahrenen Kilometern von allein auf. Wohlgemerkt, dies sagte man Herrn Seidl am Telefon, ohne daß sich jemand den Wagen angeschaut hatte. Was meinen Sie, kam diese Aussage glaubwürdig bei Herrn Seidl an oder eher wie eine Ausrede? Natürlich letzteres.

Das Geräusch blieb, auch nach weiteren 200 Kilometern. Herr Seidl reklamierte erneut und wurde wiederum am Telefon „vertröstet", er solle doch noch weitere 100 Kilometer abwarten. Als nach diesen 100 Kilometern das Geräusch immer noch nicht verschwunden war, ging Herrn Seidl der Hut hoch. Er rief bei seinem Autohändler an, beschwerte sich lautstark und drohte damit, die Sache an seinen Anwalt zu übergeben.

Kunde: „Wenn Sie das Geräusch nicht bis Freitag abgestellt haben, stelle ich Ihnen den Wagen auf den Hof, und im übrigen werde ich sofort meinen Anwalt einschalten!"

Unabhängig davon, daß hier bereits im Vorfeld die Reklamation unnötig verschleppt wurde, lassen Sie uns mal überlegen, wie wir jetzt reagieren könnten. Wir wissen, daß etwa 85% der Kunden nur drohen, um ihrem eigentlichen Anliegen Nachdruck zu verleihen. Würde es etwas bringen, folgendes zu Herrn Seidl zu sagen?

Mitarbeiter: „Herr Seidl, ich höre diese Drohung sehr oft. Bis jetzt ist noch keiner zum Anwalt gegangen."

Bitte fassen Sie diese Möglichkeit nur als Scherz auf, denn sie würde natürlich dazu führen, daß jeder Kunde zum Anwalt geht, nur um sein Gesicht nicht zu verlieren. Genauso ungeschickt ist folgende Variante:

Mitarbeiter: „Herr Seidl, das höre ich nicht zum ersten Mal, sie können aber versichert sein, daß auch wir einen guten Anwalt haben."

Sie glauben gar nicht, wie oft ich diese oder ähnliche Formulierungen schon gehört habe. Bringen Sie also den Kunden nicht durch ähnliches Gerede dazu, zum Anwalt zu gehen, obwohl er es eigentlich gar nicht vorhatte. Genausowenig sollten Sie aber dem Kunden das Gefühl geben, er habe mit seiner Drohung bei Ihnen einen wunden Punkt getroffen.

Mitarbeiter: „Herr Seidl, warum wollen Sie das denn machen? Anwälte kosten doch nur Geld, und meistens bringt es nichts."

Wenn der Kunde das Gefühl bekommt, er hat mit seiner Aussage bei Ihnen Angst oder gar Panik ausgelöst, kann auch das dazu führen, daß er seine Drohung wahr macht. Die richtige Vorgehensweise sieht so aus:

Erste Möglichkeit: Anzuwenden bei berechtigten Reklamationen.

Mitarbeiter: „Herr Seidl, ich kann wirklich gut verstehen, daß Sie verärgert sind. Ich mache Ihnen einen Vorschlag. Wir vereinbaren jetzt sofort einen kurzfristigen Termin und sehen uns den Wagen ganz genau an. Wie sieht es denn bei Ihnen morgen früh aus?"

Diese Möglichkeit bedeutet, Verständnis für den Kunden mit einem Lösungsvorschlag zu verbinden.

Zweite Möglichkeit: Ebenfalls anwendbar bei berechtigten Reklamationen.

Mitarbeiter: „Herr Seidl, ich denke, daß es soweit nicht kommen muß. Ich mache Ihnen einen Vorschlag: Wir vereinbaren jetzt sofort einen kurzfristigen Termin und sehen uns den Wagen ganz genau an. Wie sieht es denn bei Ihnen morgen früh aus?"

Diese Möglichkeit bedeutet, die Drohung zu relativieren und mit einem Lösungsvorschlag zu verbinden.

Dritte Möglichkeit: Anzuwenden bei berechtigten Reklamationen, wenn Sie den Kunden sehr gut kennen.

Mitarbeiter: „Herr Seidl, ich fände es wirklich sehr schade, wenn wir beide anders nicht klarkommen würden. Ich mache Ihnen einen Vorschlag: Wir vereinbaren jetzt sofort einen kurzfristigen Termin und sehen uns den Wagen ganz genau an. Wie sieht es denn bei Ihnen morgen früh aus?"

Diese Möglichkeit bedeutet, sehr persönliches Bedauern mit einer Lösung zu verbinden.

Vierte Möglichkeit: Anwendbar, wenn Sie nicht ganz sicher sind, ob es sich um eine berechtigte oder eine unberechtigte Reklamation handelt:

Mitarbeiter: „Herr Seidl, es tut mir ehrlich leid, daß Sie so verärgert sind. Ich mache Ihnen einen Vorschlag: Wir vereinbaren jetzt sofort einen kurzfristigen Termin und sehen uns den Wagen ganz genau an. Wie sieht es denn bei Ihnen morgen früh aus?"

Diese Vorgehensweise heißt, unverbindliches, aber dennoch ehrliches Verständnis zu zeigen und danach das Interesse des Kunden auf die Lösungsmöglichkeiten zu lenken.

Ich habe diese Formulierungen in sehr vielen Gesprächen mit Kunden getestet. Probieren Sie es selbst einmal aus. Diese Vorgehensweisen funktionieren sehr gut, weil Sie damit die drei hauptsächlichen Beweggründe für die Anwaltsdrohung ausräumen.

Mit Ihrem ehrlich gemeinten Verständnis geben Sie dem Kunden das Gefühl, daß Sie ihn ernst nehmen. Indem Sie das Interesse anschließend auf eine Lösungsmöglichkeit lenken, bekommt er das Gefühl, daß Sie ihm wirklich weiterhelfen wollen.

Es gibt sicher einige Fälle, in denen sich der Gang zum Anwalt und zum Gericht nicht umgehen läßt. Wenn ein Kunde z.B. ohne berechtigten Grund seine Zahlungen verweigert, müssen Sie diesen Schritt gehen, um Ihre berechtigten Forderungen zu sichern.

Es kommen auch Fälle vor, in denen das Gespräch des Kunden mit seinem Anwalt als neutrale Person sehr hilfreich ist, z.B. bei der Klärung der Frage, ob es sich um eine berechtigte oder unberechtigte Reklamation handelt.

Dennoch sollten Sie sich immer vor Augen halten: Das Einschalten eines Anwaltes, gleich von welcher Seite, führt fast immer zum Ende der Kundenbeziehung. Es sollte also in den meisten Fällen unser Bestreben sein, eine Lösung ohne Anwalt zu finden.

3.4 ... Zeitung, Fernsehen oder andere Medien zu informieren

Wie geht man mit einem Kunden um, der mit den Medien droht? Warum haben Fernsehsendungen wie „Jetzt reicht's!", „Wie bitte?", „Wir kämpfen für Sie!" u.v.a. momentan Hochkonjunktur? Warum gibt es in fast jeder Zeitung regelmäßig Aktionen, die Kunden helfen sollen, zu ihrem Recht zu kommen.

Die Antwort ist sehr einfach, weil Menschen, die Probleme haben, sich immer dorthin wenden, wo sie Hilfe erwarten. Das bedeutet im Umkehrschluß, wenn Sie vermeiden wollen, eines Tages in einer dieser Medien mit einem negativen Bericht zu erscheinen, sollten Sie Ihren Kunden stets signalisieren: Ich bin für Sie da, auch und gerade dann, wenn Probleme auftauchen.

Die Drohung mit den Medien ist ein perfekter Indikator dafür, daß der Kunde sich allein gelassen fühlt. Dazu kommt die Aufforderung der Medien, Kunden sollen ihre Negativerfahrungen öffentlich machen. Außerdem ist in einigen Branchen mittlerweile das Reklamieren zu einem regelrechten Sport geworden.

Das alles hilft Ihnen aber nicht weiter, wenn Sie persönlich mit dieser Drohung konfrontiert werden. Deshalb erkläre ich Ihnen anhand eines Beispiels, wie Sie den Kunden von seiner Medienidee abbringen können. Auch bei dieser Drohung sollten Sie den Kunden unbedingt ernst nehmen und nichts sagen, was ihn in seinem Vorhaben bestärkt.

Kunde droht: „Wenn mein Auto bis nächste Woche nicht einwandfrei läuft, werde ich diese Angelegenheit an die Medien geben!"

Falsche Antwort: „Vielleicht können die Ihnen ja erklären, daß es an Ihrer Fahrweise liegt und nicht am Auto."

Selbst bei einer völlig unberechtigten Reklamation bringen Sie mit dieser Formulierung fast jeden Kunden dazu, seine Drohung umzusetzen. Wie schon in Kapitel 2.4. erläutert, gestaltet es sich recht schwierig, einem Kunden zu erklären, daß der Fehler in seinem Verhalten liegt. Folgende Vorgehensweise ist hier in unserem Fall zu empfehlen:

Kundin droht: „Wenn mein Auto bis nächste Woche nicht einwandfrei läuft, werde ich diese Angelegenheit an die Medien geben!"

Antwort des Mitarbeiters: „Frau Sommer, es tut mir wirklich leid, daß Sie diese Probleme mit dem Fahrzeug haben. Ich möchte genauso wie Sie, daß Sie Spaß an Ihrem neuen Wagen haben. Ich mache Ihnen einen Vorschlag, Sie kommen heute Nachmittag noch einmal vorbei, und wir werden gemeinsam versuchen, das Problem zu lösen."

Diese Möglichkeit bedeutet, die eigentliche Drohung zu überhören und unverbindliches, aber ehrlich gemeintes Verständnis für den Kunden mit einem Lösungsvorschlag zu verbinden.

Versuchen Sie, sich gerade bei der Mediendrohung vor Augen zu führen, daß der Kunde im Grunde genommen nicht zu Ihnen sagt: „Ich gebe das jetzt an die Medien". Er sagt eigentlich: „Ich fühle mich von euch im Stich gelassen, keiner erklärt mir genau woran es liegt, und ich habe das Gefühl, daß sich keiner richtig um mich kümmert."

Wie und vor allen Dingen wann Sie einem Kunden erklären, daß es sich um eine unberechtigte Reklamation handelt, weil er z.B. das Fahrzeug falsch bedient, erfahren Sie in Kapitel 11.

3.5 ... die Rechnung zu mindern oder die Zahlung zu verweigern

Wie verhält man sich, wenn der Kunde mit Rechnungsabzug oder Zahlungsverweigerung droht?

Wir haben in den vorherigen Kapiteln gelernt, warum Kunden drohen. Nochmal zur Erinnerung:

Kunden drohen normalerweise aus zwei Gründen:

- Weil sie ihrer Forderung Nachdruck verleihen wollen.
- Wenn sie das Gefühl haben, daß man ihre Probleme nicht ernst genug nimmt.

Bei der Drohung mit Zahlungsverweigerung und Rechnungsabzug kommt noch ein weiterer wichtiger Grund dazu:

- Die Kunden drohen, wenn sie das Gefühl haben, sie seien übervorteilt worden.

Sehen wir uns diesen zusätzlichen Grund einmal näher an, damit wir entscheiden können, wie wir künftig reagieren.

Wenn beim Kunden, wodurch auch immer, das Gefühl entsteht, er ist übervorteilt worden, reagieren oder drohen Kunden häufig mit Zahlungsverweigerung. Diese Einstellung des Kunden kann berechtigt oder unberechtigt sein. Überlegen und entscheiden bei dem nachfolgenden Beispiel, ob es sich um eine berechtigte oder unberechtigte Zahlungsverweigerung handelt.

Wer ist schuld?

Ein Kunde gibt sein Auto in die Inspektion. Der Wagen hat aus seiner Sicht keine Mängel, daher rechnet er mit einem Betrag von etwa 600 DM. Bei der Inspektion stellt der Meister fest, daß die Kupplung und die Bremsen dringend erneuert werden müssen. Er behebt diese Probleme, allerdings ohne den Kunden vorher zu informieren. Als der Kunde am Nachmittag seinen Wagen abholen will, bekommt er die Rechnung präsentiert: 1826 DM zuzüglich Mehrwertsteuer.

Er reklamiert und verweigert die Zahlung mit dem Hinweis, er habe für die zusätzliche Reparatur keinen Auftrag gegeben. Der Kundendienstmitarbeiter weist diese Reklamation als unberechtigt zurück, da die Werkstatt laut Geschäftsbedingungen dazu berechtigt ist, Mängel, welche die Verkehrstüchtigkeit des Fahrzeugs einschränken auch ohne Zustimmung des Kunden zu reparieren.

Ist diese Zahlungsverweigerung berechtigt oder unberechtigt? Ich bin kein Jurist. Vielleicht ist es rein rechtlich gesehen unberechtigt. Emotional gesehen fühlt sich der Kunde übervorteilt und reklamiert berechtigt. Dieser Fall ist durch Kulanz gelöst worden, die den Kunden zufriedener stellte als die Werkstatt. Den ganzen Ärger hätte man leicht durch eine Rückfrage beim Kunden vermeiden können.

Das Gefühl der Übervorteilung ruft Reklamationen hervor

Einer meiner Mitarbeiter erhielt vor einiger Zeit von seinem Reisebüro ein verlockendes Angebot: drei Tage Hamburg, Übernachtung im Viersternehotel, ein Fünfgängedinner zu zweit und der Besuch eines Musicals, alles zusammen für 560 DM pro Person. Dem Angebot beigefügt war ein Hochglanzprospekt, in dem alles genau angepriesen wurde. Mein Mitarbeiter buchte diese Reise für sich und seine Frau.

Dieses Supersonderangebot entpuppte sich sehr schnell als Mogelpackung. Der Luxusreisebus war eine Klapperkiste, das Viersternehotel glich einer Jugendherberge, das Fünfgängedinner bestand aus einer lauwarmen Suppe, klebrigen Spaghetti und einer müden Quarkspeise. Der Besuch des Musicals fiel leider aus, weil es Probleme bei der Kartenvorbestellung gab. Ersatzweise bot man einen Kinobesuch an. Nach seiner Rückkehr reklamierte mein Mitarbeiter in seinem Reisebüro und verweigerte die Zahlung. Man versuchte, ihm zu erklären, daß er für 560 DM pro Person schließlich nicht zuviel erwarten könne.

Sicher machen heute viele Kunden den Fehler, nur nach dem Preis zu kaufen. Aber dennoch, wer eine Leistung verspricht – und sei sie noch so phantastisch –, und diese Leistung ohne nachvollziehbare Erklärung nicht erbringt, muß damit rechnen, daß Kunden nicht bezahlen, weil sie sich übervorteilt fühlen.

Übertriebene Leistungszusagen führen beim Kunden fast immer dazu, daß sie sich letztendlich unfair behandelt fühlen. Sie sollten daher überprüfen, inwieweit es bei Ihnen zu solchen überzogenen Zusagen kommt. Ich weiß, daß Verkäufer in einer schwierigen Situation sind. Sie müssen auf der einen Seite bestimmte Umsatzziele erreichen, auf der anderen Seite stehen Kunden, die schwer erfüllbare Forderungen stellen. Es gibt Kunden, die jeden Verkäufer dazu bringen, einmal zuviel ja zu sagen, wo er besser verneint hätte. Aber wenn eine zugesagte Leistung nicht erfüllt wird, nimmt der Kunde das heute kaum noch klaglos hin. Handelt der Kunde in dem Glauben, er sei im Recht, müssen Sie ihm zumindest schlüssig erklären können, warum sein Rechnungsabzug oder seine Zahlungsverweigerung unberechtigt ist.

Die Drohung mit Zahlungsverweigerung oder Rechnungsabzug steht immer im Zusammenhang mit einer berechtigten oder unberechtigten Reklamation. Man kann sie deshalb nicht völlig isoliert betrachten. Im wesentlichen kommt es bei dieser Drohung aber darauf an, wie und wann Sie dem Kunden erklären, daß sein Vorhaben unberechtigt ist. Wenn es sich um eine berechtigte Reklamation handelt, müssen Sie entscheiden, ob Sie die Forderung erfüllen wollen oder nicht. In jedem Fall sollten Sie versuchen, den Kunden von Drohung weg in Richtung Problemlösung zu bringen. Folgendes Beispiel soll Ihnen das verdeutlichen.

Von der Drohung zur Problemlösung

Der Kunde eines Softwareunternehmens wartet auf ein bestimmtes Programm-Update. Man hat ihn bereits einmal vertröstet. Als auch der zweite Liefertermin verschoben wird, reagiert der Kunde sehr ärgerlich und droht damit, seinen Softwarewartungsvertrag nicht mehr zu bezahlen. Gemäß den Geschäftsbedingungen ist der Kunde dazu nicht berechtigt.

Kunde: „Wenn ich das neue Programm nicht innerhalb von einer Woche habe, werde ich die Zahlung für meinen Wartungsvertrag einstellen!"

Der Mitarbeiter fühlt sich ungerecht behandelt.

Mitarbeiter: „Herr Orboeck, gemäß unseren Geschäftsbedingungen müssen Sie Ihren Wartungsvertrag bezahlen, auch wenn wir mit der neuen Software Terminprobleme haben!"

Der Mitarbeiter hat rein rechtlich betrachtet vielleicht richtig argumentiert. Wie diese Antwort jedoch emotional beim Kunden ankommt, brauche ich Ihnen nicht zu erklären. Besser wäre folgende Antwort:

Mitarbeiter: „Herr Orboeck, ich kann gut verstehen, daß Sie sich geärgert haben, weil wir zum zweiten Mal die Lieferung der neuen Software verschoben haben. Ich setze mich noch heute vormittag mit der Programmierabteilung zusammen und gebe Ihnen so schnell wie möglich Bescheid, wann Sie mit der Software rechnen können."

Diese Vorgehensweise funktioniert sicher besser. Der Mitarbeiter überhört die eigentliche Drohung, zeigt Verständnis für den Ärger des Kunden und bietet zumindest eine Zwischenlösung an. Dem verärgerten Kunden die Rechtslage zu erklären, würde absolut nichts bringen. Auch hier gilt: Die Mehrzahl der Kunden drohen, um ihrer eigentlichen Forderung Nachdruck zu verleihen.

Zu der Zahlungsverweigerungs- und Rechnungsabzugsdrohung trägt auch die Pseudoaufklärung der Medien bei. In fast jeder Illustrierten finden Sie heute eine Rechtsecke. Hier werden Gerichtsurteile verkürzt und völlig aus dem Zusammenhang gerissen abgedruckt. Dem Kunden ist das oft nicht bewußt, er liest aus diesen Urteilen das, was er lesen will, und geht dann davon aus, daß er im Recht ist. Erklären sie dem Kunden, nachdem er sich etwas beruhigt hat, in Ruhe die Zusammenhänge. Die Geschäftsbedingungen können Sie immer noch ins Feld führen, z.B. wenn der Kunde nach der angebotenen Problemlösung hartnäckig auf der Nichtzahlung beharrt.

Der Kunde will den Preis drücken

Gar nicht so selten reklamieren heutzutage Kunden, um nachträglich Preise zu drücken, weil sie sich verkalkuliert haben. Leider kann man dies oft nicht ohne weiteres sofort erkennen. Dazu ein Beispiel:

Der Kunde eines Bauunternehmers reklamiert einen kleinen Riß in der Wohnzimmerdecke seines neuen Einfamilienhauses und droht damit, 10% der Bausumme nicht zu bezahlen. Rein rechtlich hat er dazu keine Handhabe, da der Bauunternehmer gemäß seinen Geschäftsbedingungen berechtigt ist, erst einmal nachzubessern. Der Bauleiter, der mit diesem Kunden zu tun hat, weiß im Moment der Drohung natürlich nicht, ob diese Drohung vielleicht daran liegen könnte, daß der Kunde sich bei der Hausplanung verschätzt und nun zu wenig Geld hat.

Also versucht er geschickterweise, sich langsam heranzutasten. Sein erster Schritt ist, den Kunden etwas zu beruhigen.

Bauleiter: „Herr Ruhrmann, es tut mit wirklich leid, daß Sie sich über diesen Riß so geärgert haben."

Antwort des Kunden: „Ihr Verständnis in allen Ehren, aber ich werde dennoch die 10% zurückhalten."

Der Bauleiter versucht jetzt erst, die wahre Motivation dieser Drohung heraus zu finden.

Bauleiter: „Herr Ruhrmann, was ist für Sie wichtiger, eine einwandfreie Decke oder ein zusätzlicher Nachlaß?"

Wichtig ist, daß diese Frage ruhig und interessiert gestellt wird und nicht unterstellend. Je nach Reaktion des Kunden geht der Mitarbeiter dann in Richtung Problemlösung oder Geschäftsbedingungen.

Zusammenfassend kann man sagen: Viele Kunden setzen diese Form der Drohung ein, weil sie gelernt haben, daß

Geld das beste Druckmittel ist. Unterstellen Sie (gedanklich natürlich) nicht sofort, daß der Kunde nur nachträglich den Preis drücken will. In aller Regel will er nur seiner eigentlichen Forderung Nachdruck verleihen.

4
Wie bringt man eine Reklamation zu einem positiven Abschluß?

Durch eine Reklamation entsteht Ärger und Streß auf beiden Seiten. Als Nebeneffekt tritt häufig bei dem Kunden ein gewisser Vertrauensverlust auf. Dieses Defizit gilt es zu kompensieren, da es sonst zum endgültigen Verlust des Kunden kommen kann.

Wie also gewinnt man nach einer erledigten Reklamation verlorenes Vertrauen zurück? Es stellt sich zunächst einmal die Frage, wann eine Reklamation eigentlich abgeschlossen ist. Wenn die Reklamationsursache beseitigt worden ist? Der Kunde hat eine Falschlieferung reklamiert, wir schicken die richtige Ware nach, und damit ist der Fall erledigt? Natürlich nicht! Dem Beheben der Reklamationsursache folgt nicht automatisch die Zufriedenheit des Kunden. Wir sollten durch einen weiteren Kontakt zum Kunden feststellen, inwieweit er die Reklamation und den damit verbundenen Ärger verarbeitet hat. Dafür gibt es die sogenannten Follow-up-Gespräche.

4.1 Follow-up-Gespräche

Führen Sie diese Gespräche nach erledigten Reklamationen. Die Betonung liegt zwar auf erledigt, jedoch zu lange sollte man auch nicht warten. Es gibt allerdings Fälle, bei denen man besser erst einmal ein wenig Gras über die Sache wachsen läßt. Das sollte jedoch immer die Ausnahme sein.

Der Begriff Follow-up-Gespräch bedeutet, daß man sich nach der Beseitigung der Reklamationsursache noch einmal beim Kunden meldet. Der zeitliche Abstand zwischen Problembeseitigung und Follow-up-Gespräch sollte dabei möglichst knapp bemessen sein. So hat der Kunde das positive Erlebnis der Problemlösung noch frisch im Gedächtnis. Schauen wir uns einen Fall an:

Der Kunde reklamiert bei Ihnen eine Falschlieferung, Sie behandeln diese Reklamation wie beschrieben und sorgen für eine schnellstmögliche Nachlieferung der richtigen Ware durch eine Spedition. Die Ware wird nachmittags vom Spediteur abgeholt und, wenn nichts gravierendes dazwischenkommt, am nächsten Vormittag bis 11.00 Uhr beim Kunden eintreffen. Sie fragen vorsichtshalber bei der Spedition nach, ob mit der Lieferung alles geklappt hat. Und nun sind Sie wirklich sicher, die Reklamationsursache beseitigt zu haben. Wenn der Fall so abläuft, rufen Sie am besten gleich am nächsten Nachmittag bei Ihrem Kunden an.

4.2 Vorteile und Nutzen der Follow-up-Gespräche

Sie rufen bei Ihrem Kunden an, obwohl Sie wissen, daß die Reklamationsursache beseitigt ist, er hat ja die richtige Ware mittlerweile bekommen. Wie wird der Kunde auf diesen Anruf reagieren? Wird er vielleicht gereizt sagen: „Sagen Sie mal, haben Sie zuviel Zeit oder was? Wenn etwas nicht in Ordnung wäre, hätte ich mich schon gemeldet!" Wir haben im Rahmen von firmeninternen Schulungen über 2000 solcher Follow-up-Gespräche geführt, so eine Reaktion ist uns dabei noch nie vorgekommen.

Erster Vorteil:
Der Kunde fühlt sich durch Follow-up-Gespräche
top betreut

Die meisten Kunden erwarten nicht, daß man sich nach einer Reklamation noch einmal meldet, um nachzufragen, ob alles in Ordnung ist. Durch ein Follow-up-Gespräch fühlt sich jeder Kunde wichtig und ernstgenommen, und es gibt ihm das Gefühl, daß Ihnen etwas an der Zusammenarbeit liegt.

Mitarbeiter: „Guten Tag, Herr Schröder, Dietze hier, Firma ABC. Ich wollte nur kurz nachfragen, ob mit der Nachlieferung alles in Ordnung gegangen ist."
Kunde freundlich: „Ja, alles bestens, die richtige Ware ist heute Vormittag eingetroffen. Das finde ich aber wirklich toll, daß Sie sich noch einmal melden."

So oder ähnlich werden die meisten Kunden reagieren, bei denen Sie künftig Follow-up-Gespräche führen. Sie dürfen aber nicht beim Kunden anrufen, um nachzufragen, wo denn sonst noch Probleme aufgetreten sind. Fragen Sie nur nach dem gerade gelösten Problem, mehr nicht.

In Deutschland wird ein ganzes Heer von Unternehmensberatern beschäftigt, um Programme zur Kundenbindung zu entwickeln. Wenn Sie in der Position sind, etwas im Unternehmen verändern zu können, sollten Sie sich künftig nur darauf konzentrieren, daß Reklamationen wirklich professionell behandelt werden, also von der freundlichen Begrüßung bis zum Follow-up-Gespräch. Sie haben damit eines der wirkungsvollsten Kundenbindungsinstrumente in der Hand.

Zweiter Vorteil:
Der Kunde lobt Sie im Follow-up-Gespräch

Wie viele Anrufe mit folgendem Inhalt haben Sie in der vergangenen Woche erhalten?

Kunde freundlich zu Ihnen: „Schröder hier, guten Tag Frau S., ich wollte Ihnen nur mal eben sagen, daß ich sehr gern mit Ihnen zusammenarbeite, und daß ich finde, daß Sie Ihre Arbeit wirklich hervorragend erledigen."

Wie oft, zehnmal, zwanzigmal, hundertmal? Die meisten meiner Seminarteilnehmer antworten darauf: „Leider nicht ein einziges Mal."

Wenn der Kunde eine Reklamation vorbringt, wird er Sie in diesem Zusammenhang natürlich nicht loben. Wenn Sie sich aber nach der Beseitigung der Reklamationsursache noch einmal bei ihm melden, ist die Chance groß, daß er etwas in dieser Richtung sagt.

Häufig entschuldigt sich der Kunde im Follow-up-Gespräch bei dem Mitarbeiter, falls er diesen im Reklamationsgespräch persönlich angegriffen hatte. Auch das kann sich nur positiv auf die weitere Zusammenarbeit auswirken. Ein Mitarbeiter, der diese Entschuldigung nicht zu hören bekommt, würde diesen Kunden künftig sicher etwas voreingenommen behandeln.

Keiner geht nur arbeiten, um Geld zu verdienen. Wir alle brauchen zusätzlich das Gefühl: Unsere Arbeit bringt einen Nutzen, und wir erfüllen unsere Aufgabe gut. Damit hängt auch das Thema Streßbewältigung zusammen. Es ist ein großer Unterschied, ob Sie abends nach Hause gehen mit Gedanken im Kopf wie: „Oh, Mann, was war das ein Tag heute, andauernd Reklamationen", oder ob Sie denken: „War ganz schön anstrengend heute, zehn Reklamationen entgegengenommen, aber immerhin auch dreimal von Kunden gehört, daß ich meinen Job wirklich gut gemacht habe." Bei der ersten Aussage fällt es sicher schwerer als bei der zweiten, die Belastungen des beruflichen Alltags in den Griff zu bekommen.

Dritter Vorteil:
Durch Follow-up-Gespräche werden Sie künftige
Reklamationen leichter lösen

Stellen Sie sich vor, Sie haben gerade mit einem Kunden ein Follow-up-Gespräch geführt, und genau bei diesem Kunden kommt es am nächsten Tag zu einer erneuten Reklamation. In welcher Weise wird dieser Kunde bei Ihnen reklamieren? Ist es wahrscheinlich, daß er Sie anschreit, beschimpft oder beleidigt? Nein, in der Tat nicht. Die meisten Kunden, um die wir uns auch nach der Problemlösung gekümmert haben, reagieren etwa so:

Kunde sachlich mit einem kleinen Seufzer in der Stimme:
„Guten Tag, Frau Schröder, wir haben wieder mal ein Problem!"

139

Das bedeutet für Sie: Durch Follow-up-Gespräche betreiben Sie für sich selbst die beste Streßvermeidung für die Zukunft. Durch diese kurzen Gespräche reklamieren die Kunden künftig viel sachlicher. Und das wird Ihnen viel Zeit und noch mehr Nerven sparen. Wenn Sie allein nur aus diesem einen Grund ab morgen Follow-up-Gespräche führen, sind Sie schon absolut auf dem richtigen Weg. Es gibt allerdings noch zwei weitere wichtige Vorteile, die für diese Vorgehensweise sprechen:

Vierter Vorteil:
Im Follow-Up-Gespräch kann man positiv
auf Kunden einwirken

Genaugenommen muß man „erzieherisch" sagen. Erziehen klingt sicherlich etwas merkwürdig, doch lassen Sie mich den Zusammenhang erläutern. In fast jeder Firma gibt es Kunden, die sich nicht an bestimmte Vorgaben halten, wodurch immer wieder – zum Teil unberechtigte – Reklamationen entstehen. Dazu gehören Kunden, die regelmäßig „auf den letzten Drücker" Ware bestellen, aber heftig reklamieren, wenn sie zu spät beliefert werden. Ob diese Reklamation berechtigt oder unberechtigt ist, hängt von spezifischen Voraussetzungen ab und soll an dieser Stelle nicht weiter untersucht werden. Wir wollen herausfinden, wie und vor allen Dingen wann wir versuchen, den Kunden dazu zu bringen, rechtzeitiger zu bestellen.

Der Kunde reklamiert verärgert: „Das kann doch wohl nicht war sein, ihr habt mich schon wieder mit der Lieferung hängenlassen! Die Ware sollte bis 11.00 Uhr hier sein, jetzt haben wir bereits 14.00 Uhr."

Der Kunde befindet sich auf einer hohen emotionalen Ebene, und der Mitarbeiter versucht, ihn zu erziehen.

Mitarbeiter erzieherisch: „Tja, werter Herr Schreiber, wenn Sie rechtzeitig bestellen würden, dann könnten wir Sie auch rechtzeitig beliefern!"

Die Reaktion des Kunden auf diese Aussage können Sie sich sicher lebhaft vorstellen. Ein emotionaler Kunde rastet wahrscheinlich komplett aus. Ein ruhiger Kunde fühlt sich zumindest schlecht behandelt. Im Reklamationsgespräch erzieherisch auf den Kunden einzuwirken, erweist sich in den meisten Fällen als aussichtslos. Auch wenn die Schuld unter Umständen beim Kunden liegt, wäre die folgende Reaktion des Mitarbeiters professioneller.

Mitarbeiter verständnisvoll: „Es tut mir sehr leid, daß die Lieferung noch nicht bei Ihnen ist, ich weiß ja, wie dringend Sie die Ware brauchen. Ich kläre für Sie, was da passiert ist und melde mich innerhalb der nächsten zwanzig Minuten bei Ihnen."

Der Mitarbeiter klärt, wann die Ware voraussichtlich beim Kunden eintreffen wird, und informiert den Kunden darüber. Auch in diesem zweiten Gespräch versucht er nicht, den Kunden darauf hinzuweisen, er möge doch in Zukunft langfristiger bestellen. Er wartet, bis die Lieferung beim Kunden eintrifft und führt dann ein Follow-up-Gespräch.

Mitarbeiter freundlich: „Müller, Firma ABC, gutenTag, Herr Schreiber! Ich wollte mich kurz erkundigen, ob die Lieferung eingetroffen ist."

Kunde mittlerweile beruhigt: „Ja die Lieferung ist vor einer Stunde bei uns eingetroffen. Finde ich gut, daß Sie nochmal nachhaken. Tut mir leid, wenn ich vorhin etwas schroff zu Ihnen war."

Mitarbeiter: „Kann passieren, Herr Schreiber, kein Thema. Ich rufe noch aus einem anderen Grund an. Ich habe mir Gedanken gemacht, wie wir diese Lieferverzögerungen künftig vermeiden können."

Kunde interessiert: „Dann schießen Sie mal los."

Mitarbeiter: „Die Produkte, die Sie von uns beziehen, kaufen wir, wie Sie wissen, beim Hersteller XY in Frankreich ein. Diese Firma braucht etwa vier Wochen Vorlauf, um die Produkte zu produzieren. Das bedeutet, wenn wir von Ihnen eine Bestellung mit Liefervorgabe drei Wochen bekommen, ist die nächste Reklamation eigentlich vorprogrammiert. Damit wir Sie in Zukunft pünktlich beliefern können, wäre es sehr wichtig, daß von Ihnen die Bestellung mit einem Vorlauf von mindestens fünf bis sechs Wochen kommt."

Die Chance, daß der Kunde künftig mit einem längeren Vorlauf bestellt, ist jetzt zumindest gegeben. Bestellt er nach wie vor sehr kurzfristig, wird er wenigstens wissen, warum eine Lieferverzögerung eintreten kann. Versuchen Sie, dieses Beispiel auf Ihr Umfeld zu übertragen. Um einen Kunden von der Einhaltung einer bestimmten Vorgehensweise zu überzeugen, müssen Sie mit ihm sprechen. Aber nicht, wenn er gerade reklamiert, sondern wenn er sich beruhigt hat.

Fünfter Vorteil:
Im Follow-up-Gespräch kann man Zusatzumsätze erzielen

Folgendes Beispiel soll Ihnen verdeutlichen, wie man Reklamationen dazu nutzen kann, zusätzliche Umsätze zu realisieren:

Der Kunde eines Büromaschinenhändlers reklamiert den Ausfall seines Kopierers. Lautstark beschwert er sich darüber, daß nicht umgehend ein Techniker zu ihm kommen kann, um das Gerät zu reparieren. Der Mitarbeiter weiß ganz genau, daß gerade dieser Kunde beim Kauf des Kopierers einen Wartungsvertrag abgelehnt hat, und reagiert folgendermaßen:

Mitarbeiter: „Herr Weber, als Sie den Kopierer bei uns kauften, hatte ich Ihnen einen Wartungsvertrag angeboten, und Sie haben das abgelehnt."

Mit dieser Vorgehensweise erzeugen Sie bei den meisten Kunden mit Sicherheit nur zusätzlichen Protest. Die Chance, diesem Kunden einen Wartungsvertrag zu verkaufen, bewegt sich gegen Null. Professioneller wäre es, den „Vorwurf" nicht direkt, sondern indirekt anzusetzen.

Richtige Antwort des Mitarbeiters: „Herr Weber, es tut mir wirklich leid, daß ich Ihnen keinen früheren Termin nennen kann. Unsere Techniker haben in den nächsten zwei Tagen Termine bei Kunden mit Wartungsvertrag. Diese Termine werden langfristig geplant und können deshalb nicht verlegt werden. Ich kann Ihnen allerdings zusagen, daß ein Techniker übermorgen bis 10.00 Uhr bei Ihnen sein kann."

Nachdem der Techniker beim Kunden war und der Kopierer wieder funktionierte, können wir darangehen, dem Kunden einen Wartungsvertrag zu verkaufen. Der Mitarbeiter ruft den Kunden an, um ein Follow-up-Gespräch zu führen.

Mitarbeiter: „Dietze, Firma XY, guten Tag, Herr Weber! Ich wollte mich nur kurz erkundigen, ob die Reparatur zu Ihrer Zufriedenheit verlaufen ist."

Kunde freundlich: „Das finde ich sehr gut, Herr Dietze. Der Techniker hat den Kopierer gestern vormittag repariert. Er funktioniert wieder einwandfrei."

Mitarbeiter: „Schön, daß es gut geklappt hat. Ich weiß ja, welche Probleme bei Ihnen entstehen, wenn der Kopierer nicht funktioniert."

Kunde: „Richtig, wenn der Kopierer kaputt ist, kriegen wir hier arge Probleme."

Mitarbeiter: „Ich habe mir inzwischen Gedanken gemacht, wie wir solche Ausfälle künftig vermeiden können."

Kunde: „Erzählen Sie mal!"

Mitarbeiter: „Der Kopierer ist bei Ihnen ausgefallen, weil zwei bestimmte Teile nicht gewartet worden sind. Das können wir künftig dadurch vermeiden, daß wir Ihren Kopierer regelmäßig warten."

Kunde: „Das kostet doch bestimmt eine ganze Menge."

Mitarbeiter: „Das kostet natürlich etwas, aber bedenken Sie, welcher Schaden bei Ihnen entstehen kann, wenn der Kopierer unnötigerweise ausfällt, und Sie dadurch ein oder zwei Tage ohne dieses Gerät auskommen müssen."

Kunde: „Da haben sie recht. Ich bin morgen vormittag in Ihrer Nähe. Ich schaue mal rein, dann können wir ja in Ruhe über einen Wartungsvertrag sprechen."

In einem Follow-up-Gespräch besteht also eine gute Chance, zusätzlichen Umsatz zu machen Das gilt nicht nur für Wartungsverträge, sondern auch für Maschinen mit einer höheren Leistungsfähigkeit oder sogar für Falschlieferungen. Nehmen wir an, der Kunde hat ein bestimmtes Produkt bestellt, und wir haben ihm ein anderes Produkt geliefert, das er zwar auch benötigt, aber nicht im Moment. Der Kunde reklamiert die Falschlieferung, wir kümmern uns als erstes darum, die richtige Ware zum Kunden zu schaffen. Nachdem die richtige Ware eingetroffen ist, führen wir ein Follow-up-Gespräch. In diesem Gespräch können wir dann versuchen, den Kunden dazu zu bringen, die ursprünglich falsch gelieferte Ware doch am Lager zu lassen und nicht zurückzuschicken.

Die hier beschriebene Vorgehensweise funktioniert in vielen Branchen ausgezeichnet. Versuchen Sie, die Beispiele auf Ihre Firma zu übertragen. Die Zusatzumsätze sind natürlich nicht der Hauptgrund für Follow-up-Gespräche. In erster Linie sollten Sie diese Gespräche führen, um verlorenes Vertrauen zurückzugewinnen!

4.3 Nachteile der Follow-up-Gespräche

Das Hauptursache für das Unterlassen von Follow-up-Gesprächen sehen die meisten meiner Seminarteilnehmer in dem damit verbundenen Zeitaufwand. Jeder kennt den enormen Termindruck, unter dem viele Mitarbeiter im Servicebereich heute stehen, und man weiß, wie genau sie ihre Zeit planen müssen. Wenn man aber bedenkt, daß Follow-up-Gespräche selten länger als zwei bis drei Minuten dauern und beim Kunden hervorragend ankommen, sollte man

145

wirklich überlegen, ob das den zusätzlichen Zeitaufwand nicht in jedem Fall rechtfertigt. Diese Gespräche kosten natürlich erst einmal Zeit. Mittelfristig werden Ihnen diese Gespräche aber Zeit und vor allen Dingen Nerven und Streß ersparen, weil Ihr Verhältnis zum Kunden durch Follow-up-Gespräche viel besser werden wird und Sie dadurch zukünftige Reklamationen bei diesen Kunden leichter bearbeiten können. Wenn Sie diese Vorgehensweise in der Praxis umsetzen, gewinnen Sie neben den vielen persönlichen Vorteilen meist auch einen satten Vorsprung vor Ihren Wettbewerbern. Nutzen Sie diesen Vorteil, bevor Ihre Konkurrenz auf dieselbe Idee kommt.

5
Wie behandelt man schriftliche Reklamationen?

Sie können auf verschiedene Art und Weise mit Reklamationen konfrontiert werden, persönlich, telefonisch oder schriftlich.

Der Vorteil einer schriftlichen Reklamation liegt klar auf der Hand. Ein Blatt Papier kann nicht schreien. Auch wenn der Inhalt vielleicht Unfreundlichkeit und Verärgerung zum Ausdruck bringt, so haben Sie es bei dieser Reklamationsart zumindest etwas leichter. Sie haben keinen verärgerten Kunden im persönlichen Gespräch oder am Telefon. Sie können in Ruhe klären, ob die Reklamation berechtigt oder unberechtigt ist.

Und Sie haben mehr Zeit, sich eine Problemlösung zu überlegen, bevor Sie die Reklamation beantworten. Aber genau da liegt das Problem: in der Reaktionszeit auf schriftliche Reklamationen.

Der Kunde schickt heute seine schriftliche Reklamation per Fax ab, dieses Schreiben geht im Unternehmen zur Poststelle, einen Tag später in die interne Verteilung, wiederum einen Tag später in die richtige Abteilung und noch mal einen Tag später zum zuständigen Mitarbeiter innerhalb dieser Abteilung.

Da der Mitarbeiter zur Klärung der Reklamation und zum Finden einer Problemlösung noch mit diversen Personen sprechen muß, vergehen noch einmal drei Tage, bis der Mitarbeiter an die Beantwortung der Reklamation gehen kann.

Versetzen wir uns in die Lage des Kunden. Er hat heute seine Reklamation an uns gefaxt, er weiß im Normalfall nicht genau, ob sein Anliegen an der richtigen Stelle eingetroffen ist. Er weiß nicht, ob man sein Problem richtig verstanden hat, und er weiß nicht, was alles zur Klärung dieses Falles notwendig ist und wie zeitintensiv dies sein kann. Er hat nach spätesten zwei Tagen den Eindruck, daß überhaupt nichts passiert. Im schlimmsten Fall ruft er nach drei Tagen an, um zusätzlich am Telefon Dampf zu machen. Das gilt es zu verhindern.

5.1 Bestätigung der schriftlichen Reklamation

Bestätigen Sie so schnell wie möglich den Eingang der Reklamation. In einigen Branchen ist es aus rein juristischen Gründen notwendig, schriftliche Reklamationen auch schriftlich zu beantworten. Dagegen ist grundsätzlich nichts einzuwenden.

Hier stellt sich nur folgendes Problem: Die alleinige schriftliche Beantwortung einer Reklamation wirkt sehr sachlich und daher in vielen Fällen eher unpersönlich. Sie kennen vielleicht den Spruch: „Wer sich nur noch schreibt, ist bald beim Rechtsanwalt!"

Die Eingangsbestätigung und die Antwort auf die Reklamation muß vielleicht schriftlich erfolgen – versuchen Sie jedoch parallel dazu, mit dem Kunden zu sprechen. Damit heben Sie die Beziehung zu Ihrem Kunden wieder auf eine positive persönliche Ebene.

In jedem Fall sollten Sie für eine schnelle Eingangsbestätigung sorgen. Bei Kunden, die das Unternehmen noch nicht gut kennen, liegt die Reaktionserwartung bei etwa zwei Tagen, danach erfolgt meistens der Anruf, in dem nachgefragt wird, ob die Reklamation eingetroffen ist. Wenn Sie künftig versuchen, diese für die Eingangsbestätigung anzusetzenden zwei Tage zu unterbieten, gehen Sie den ersten Schritt in Richtung einer professionellen Behandlung von schriftlichen Reklamationen.

Neben der schnellen Reaktion auf die Reklamation des Kunden, spielt die richtige Formulierung der Eingangsbestätigung eine entscheidende Rolle. Vermeiden Sie, wenn möglich, die Worte Reklamation und Beschwerde in Ihren Briefen, da diese Formulierungen sehr negativ besetzt sind und Reizwörter sein könnten.

Eingangsbestätigung:
Verbesserungsbedürftiges Beispiel

ABC GmbH
Herrn Müller
Oststr. 1

23232 Hamburg

Ihre Reklamation vom ...
Frankiermaschine Portimax 2000

Sehr geehrter Herr Müller,

wir bestätigen den Eingang Ihrer Beschwerde und teilen
Ihnen dazu folgendes mit:

Wir werden die Sache überprüfen und melden uns in den
nächsten Tagen.

Mit freundlichen Grüßen

XYZ GmbH

Mein Kommentar: Die unterstrichenen Wörter sollten Sie
in der Eingangsbestätigung vermeiden, da sie den ohnehin
negativen Sachverhalt zusätzlich negativ verstärken.

150

Eingangsbestätigung:
Verbessertes Beispiel

ABC GmbH
Herrn Müller
Oststr. 1

23232 Hamburg

Frankiermaschine Portimax 2000
Ihre Rücksendung vom ...

Sehr geehrter Herr Müller,

Ihre Rücksendung haben wir erhalten.

Es tut uns leid, daß die Frankiermaschine nicht zu Ihrer
Zufriedenheit funktioniert.

Wir werden die Angelegenheit für Sie klären, bitte haben
Sie noch etwas Geduld. Wir werden uns mit dem
Hersteller in Verbindung setzen, um eine bestmögliche
Lösung für Sie zu finden.

Für Rückfragen stehen wir gerne zur Verfügung.

Mit freundlichen Grüßen

XYZ GmbH
Frau Meier

Mein Kommentar: Diese Eingangsbestätigung ist sicherlich kundenorientierter formuliert. Benutzen Sie dieses Bei-

spiel einmal als Vergleichsmodell bei Ihrer nächsten schriftlichen Reklamation.

5.2 Leitfaden für die schriftliche Beantwortung von Reklamationen

Der Reklamationsleitfaden aus Kapitel 2 gilt in leicht abgewandelter Form auch für die Beantwortung von schriftlichen Reklamationen.

5.2.1 Die Anfangsformulierung

Schicken Sie an den Kunden eine separate Eingangsbestätigung wie im vorhergehenden Kapitel beschrieben. Wenn dies nicht möglich oder sinnvoll ist, beantworten Sie die schriftliche Reklamation direkt. Genau wie es im persönlichen oder telefonischen Reklamationsgespräch wichtig ist, den Kunden freundlich zu begrüßen, gilt auch für die schriftliche Reklamationsbeantwortung: Je freundlicher der Briefbeginn, um so größer ist die Chance, daß der Kunde Ihre weitere Vorgehensweise akzeptiert.

Die Formulierungen, die Sie dabei verwenden, sollten daher nicht zu sachlich sein.

Anfangsformulierung:
Erstes verbesserungsbedürftiges
Beispiel

ABC GmbH
Herrn Müller
Oststr. 1

23232 Hamburg

Ihre <u>Reklamation</u> vom ...
Lieferung ...

Sehr geehrter Herr Müller,

wir bestätigen den Eingang Ihrer <u>Beschwerde</u>
und teilen Ihnen dazu folgendes mit ...

Mein Kommentar: Verwenden Sie die Wörter Reklamation und Beschwerde am besten überhaupt nicht in Ihren Briefen. Schon allein der Begriff Reklamation im Betreff läßt diesen Brief sehr negativ beginnen. Gerade in einem Brief darf man es allerdings mit der Freundlichkeit nicht übertreiben, damit man glaubwürdig bleibt.

153

Anfangsformulierung:
Zweites verbesserungsbedürftiges
Beispiel

ABC GmbH
Herrn Müller
Oststr. 1

23232 Hamburg

Ihre Reklamation vom ...
Lieferung ...

Sehr geehrter Herr Müller,

wir bedanken uns herzlich für den Eingang
Ihrer Reklamation und teilen Ihnen dazu
folgendes mit: ....

Mein Kommentar: Es spricht nichts dagegen, sich für eine
Reklamation zu bedanken, da sie dabei helfen kann, künftige
Schwierigkeiten zu vermeiden. Dennoch sollten wir aufpassen, daß der Kunde die übertriebene Freundlichkeit nicht
falsch versteht oder sich sogar veralbert vorkommt.

Anfangsformulierung:
Verbessertes Beispiel

ABC GmbH
Herrn Müller
Oststr. 1

23232 Hamburg

Lieferung ...
Ihr Schreiben vom ...

Sehr geehrter Herr Müller,

Ihr o.g. Schreiben haben wir erhalten.

Mein Kommentar: Zum einen ist in diesem Beispiel die Betrefformulierung geschickter gewählt, zum anderen ist das Wort Reklamation vermieden worden.

5.2.2 Die Problemwiederholung

Dieser Punkt ist vergleichbar mit der Zuhör- und Aggressionsabbauphase im persönlichen oder telefonischen Reklamationsgespräch. Wiederholen Sie das vom Kunden genannte Problem, um ihm zu verdeutlichen, daß Sie verstanden haben, was er meint.

155

Problemwiederholung:
Beispiel

ABC GmbH
Herrn Müller
Oststr. 1

23232 Hamburg

Lieferung ...
Ihr Schreiben vom ...

Sehr geehrter Herr Müller,

Ihr o.g. Schreiben haben wir erhalten.

Sie teilen uns mit, daß die Lieferung 10/97 verspätet
bei Ihnen eingetroffen ist und teilweise beschädigt war.

Mein Kommentar: Damit verdeutlichen Sie Ihrem Kunden, daß Sie verstanden haben, wo das Problem liegt.

5.2.3 Die Konfliktbereinigungsphase

Wir wollen mit unserem Brief erreichen, daß sich der Kunde auf eine bestimmte Problemlösung einläßt. Genau wie im persönlichen Gespräch befürchten die meisten Kunden, daß man versuchen wird, ihre Reklamation als unbegründet abzuweisen. In vielen Fällen wissen Sie ja wirklich noch nicht, ob diese Reklamation berechtigt oder unberechtigt ist. Damit der Kunde der von Ihnen vorgeschlagenen Problemlösung eher zustimmt, sollten Sie ihn zunächst einmal auf eine sachliche Gesprächsebene bringen, bevor Sie die eigentliche Problemlösung vorschlagen.

Konfliktbereinigungsphase:
Beispiel

ABC GmbH
Herrn Müller
Oststr. 1

23232 Hamburg

Lieferung ...
Ihr Schreiben vom ...

Sehr geehrter Herr Müller,

Ihr o.g. Schreiben haben wir erhalten.

Sie teilen uns mit, daß die Lieferung ... verspätet bei Ihnen eingetroffen ist und teilweise beschädigt war.

Wir wissen, wie dringend Sie diese Lieferung benötigen, und können daher wirklich gut verstehen, daß Sie sich geärgert haben, als die Ware verspätet und beschädigt bei Ihnen eintraf.

Mein Kommentar: Da Sie noch nicht wissen, ob diese Reklamation berechtigt oder unberechtigt ist, wiederholen Sie mit dieser Formulierung lediglich das, was der Kunde gesagt hat. Sie geben ihm damit weder recht noch bestätigen Sie, daß der Fehler bei Ihnen liegt. Sie zeigen mit dieser Formulierung ehrlich gemeintes Verständnis für seinen Ärger. Das führt bei den meisten Kunden dazu, daß sie sich beim Lesen etwas beruhigen, ihre Habachtstellung aufgeben und der von Ihnen vorgeschlagenen Problemlösung aufgeschlossener gegenüberstehen.

5.2.4 Die Problemlösung

Erst nachdem Sie ehrliches, aber dennoch unverbindliches Verständnis für die Probleme Ihres Kunden aufgebracht haben, sollten Sie eine Problemlösung anbieten. Formulieren Sie diese Lösung möglichst so, daß der Kunde einen Vorteil darin erkennt.

Problemlösung:
Beispiel

ABC GmbH
Herrn Müller
Oststr. 1

23232 Hamburg

Lieferung ...
Ihr Schreiben vom ...

Sehr geehrter Herr Müller,

Ihr o.g. Schreiben haben wir erhalten.

Sie teilen uns mit, daß die Lieferung ... verspätet
bei Ihnen eingetroffen ist und teilweise beschädigt war.

Wir wissen, wie dringend Sie diese Lieferung
benötigen, und können daher wirklich gut
verstehen, daß Sie sich geärgert haben, als
die Ware verspätet und beschädigt bei Ihnen eintraf.

Damit wir diese Angelegenheit so schnell wie möglich
für Sie klären können, werden wir folgende
Schritte einleiten.

Wir setzen uns umgehend mit unserer Spedition in
Verbindung, um zu klären, wie es zu dem
Lieferverzug kam und wie wir zukünftig Verspätungen
möglichst vermeiden können. Des weiteren werden

159

wir mit unseren Mitarbeitern in der Produktion und im Versand die Endkontrolle dieser Lieferung besprechen, um die Beschädigung der Ware zu klären.

Um hierbei schnell zu einem Ergebnis zu kommen, bitten wir Sie, die beschädigte Ware an uns zurückzuschicken.

Mein Kommentar: Wenn Sie in dieser Phase bereits konkrete Termine, eine schnelle Nachlieferung oder ähnliches anbieten können, sollten Sie das auf jeden Fall auch tun.

5.2.5 Die Schlußformulierung

Beenden Sie den Brief gegebenenfalls mit einer weiteren Verständnisformulierung wie in dem folgenden Musterbrief. Überlegen Sie auch, inwieweit Sie eine Kundenverpflichtung vornehmen können. Lesen Sie hierzu noch einmal den entsprechenden Abschnitt in Kapitel 2.5 (Abspannphase).

5.3 Beispielhafte Reklamationsbeantwortung

Vorab per Telefax 1 Seite

ABC GmbH
Herrn Müller
Oststr. 1

23232 Hamburg

Lieferung ...
Ihr Schreiben vom ...

Sehr geehrter Herr Müller,

Ihr o.g. Schreiben haben wir erhalten.

Sie teilten uns mit, daß die Lieferung ... verspätet
bei Ihnen eingetroffen ist und teilweise beschädigt war.

Wir wissen, wie dringend Sie diese Lieferung
benötigen, und können daher wirklich gut
verstehen, daß Sie sich geärgert haben, als die
Ware verspätet und beschädigt bei Ihnen eintraf.

Damit wir diese Angelegenheit so schnell wie möglich
für Sie klären können, werden wir folgende Schritte
einleiten. Wir setzen uns umgehend mit unserer
Spedition in Verbindung, um zu klären,
wie es zu dem Lieferverzug kam und wie wir zukünftig
Verspätungen möglichst vermeiden können.
Des weiteren werden wir mit unseren

161

ər Produktion und im Versand die
ser Lieferung besprechen,
ligung der Ware zu klären.

chnell zu einem Ergebnis zu kommen,
e, die beschädigte Ware an uns
hicken.

ı, daß diese Lösung in Ihrem Sinne ist und
ı uns für Ihr Verständnis.

ckfragen stehen wir Ihnen gerne zur Verfügung.

esten Grüßen

Z GmbH
au Meier

n Kommentar: Am besten schicken Sie die Antwort vor-
per Telefax zu Ihrem Kunden. Er erkennt dadurch Ihr
nühen um eine schnelle Erledigung seiner Reklamation.
jedem Falle sollten Sie aus den beschriebenen Gründen
arallel zu diesem Schreiben den Kunden anrufen und mit
ihm sprechen. Sie stellen dadurch wieder ein persönliches
Verhältnis zu Ihrem Kunden her, und außerdem ist dies auch
in den Augen des Kunden ein weiterer Versuch, das Problem
zu seiner Zufriedenheit zu klären.

Unabhängig davon, wie Sie Kundenreklamationen zukünftig beantworten, das wichtigste ist und bleibt eine
schnelle Reaktion. Je schneller die Reaktion erfolgt, um so
größer ist die Chance, daß der Kunde sich auf eine Problem-

lösung einläßt. Des weiteren gibt es einen direkten Zusammenhang zwischen der Dauer der Reklamationsbehandlung und der Höhe von eventuellen Ersatz-, Ausfall- oder Regreßforderungen.

Gehen Sie bei Ihrer nächsten schriftlichen Reklamationsbearbeitung einmal nach diesem Muster vor. Entwickeln Sie Ihr Antwortschreiben unter Berücksichtigung der einzelnen Phasen. Vergleichen Sie Ihre bestehenden Textbausteine und ändern Sie diese, sofern nötig, entsprechend ab.

6
Reklamationen professionell erfassen und dokumentieren

Es ist äußerst wichtig, Reklamationen genau zu erfassen, um sie beurteilen, gewichten und vermeiden zu können. Erst wenn Sie genau wissen, welche Reklamationen auftreten, mit welcher Häufigkeit sie vorkommen, und wo ihre Ursachen liegen, können Sie darangehen Reklamationen im Vorfeld wirkungsvoll zu vermeiden.

Des weiteren ist es sehr hilfreich, bei der Bearbeitung alle relevanten Daten und Fakten parat zu haben, so daß jederzeit der Stand der Reklamationsbehandlung erkennbar ist.

So gibt es weniger Probleme im Ablauf, vor allem dann, wenn mehrere Mitarbeiter in die Bearbeitung des Falls eingebunden sind. Außerdem werden dadurch Mißverständnisse und unterschiedliche Aussagen dem Kunden gegenüber vermieden.

Es gibt mittlerweile einige sehr interessante Softwareprodukte zur Reklamationserfassung.

Das nachfolgende Beispiel soll Ihnen als Anregung dienen, Ihre Reklamationen künftig übersichtlich und schnell zu erfassen. Auf der nächsten Seite finden Sie ein von mir entwickeltes Formular zur Reklamationserfassung.

Formular zu Reklamationserfassung

Nr.:   Datum:

Sachbearbeiter: ....

Kunde: ....

1. Reklamationsgrund:
....
....
....
....

2. Problemlösung:

Beauftragte Mitarbeiter - Zulieferer - Sonstige:
....
....
....
....

Erledigung erfolgt bis:
....

3. Kundenverpflichtung:
....
....
....
....

4. Zwischenbericht an den Kunden:

....
....
....
....

5. Follow-up-Gespräch:

....
....
....
....

Beispielhaft ausgefülltes Formular
zur Reklamationserfassung

Nr.: 007   Datum: 27. Mai 1999

Sachbearbeiter: U. Dietze

Kunde: Herr Weber, Firma ABC GmbH

1. Reklamationsgrund:

Herr Weber reklamiert die Lieferung Nr.07/99.
Die Ware wurde an die falsche Adresse geliefert. Die
Reklamation ist berechtigt, da Herr Weber die richtige
Adresse auf seinem Auftrag vermerkt hatte.
Er ist ziemlich verärgert, weil das schon zum
dritten Mal innerhalb von einem Monat passiert ist.

167

2. Problemlösung:

Beauftragte Mitarbeiter - Zulieferer - Sonstige:

Nach Rücksprache mit Frau Schröder vom Versand ist die korrekte Adresse an die Spedition weitergeleitet worden. Am 27. Mai 1999 bei der Spedition angerufen, mit Herrn Meier gesprochen, er sorgt für eine Anlieferung an die richtige Adresse, klärt, was da passiert ist, und ruft mich zurück.

Erledigung erfolgt bis: 28. Mai 1999

3. Kundenverpflichtung:

Habe Herrn Weber mitgeteilt, daß die Ware morgen Vormittag, am 28. Mai 1999, von der Spedition an die richtige Adresse geliefert wird, er meldet sich, falls die Ware bis 11.00 Uhr noch nicht angekommen ist.

4. Zwischenbericht an den Kunden:

Dieser Punkt gilt insbesondere für langwierige Problemlösungen.

5. Follow-up-Gespräch:

Mai 1999, habe Herrn Weber angerufen, die Ware ist eingetroffen. Er hat sich bedankt. Habe ihn über die Reklamationsursache informiert (falsche Kundenadresse bei der Spedition gespeichert, ist abgeändert worden). Kunde ist wieder zufrieden.

Wenn Sie zukünftig mit so einem Erfassungsbogen arbeiten, haben Sie ein hervorragendes Instrument in der Hand, um Reklamationen zu vermeiden. Denn Sie können anhand der

Erfassungsbögen sehr schnell die Häufigkeit und die Ursachen von Reklamationen auswerten und entsprechende Schritte einleiten.

Der Erfassungsbogen sollte möglichst nicht länger als eine DIN-A-4-Seite sein, damit Übersichtlichkeit und gutes Handling gewährleistet sind.

.

7
So lassen sich Reklamationen im Vorfeld vermeiden

Welche interessanten Chancen Reklamationen bieten, erfahren Sie immer wieder in diesem Buch. In erster Linie aber stellen sie eine große Chance dar, den Kunden an Ihr Unternehmen zu binden. Dennoch sollte es selbstverständlich Ihr Bestreben sein, Reklamationen so weit es irgend geht zu verhindern.

Es gibt sehr viele Möglichkeiten, Reklamationen im Vorfeld zu vermeiden. Dazu gehört eine faire und ausführliche Beratung des Kunden vor dem Kauf, eine regelmäßige Betreuung des Kunden je nach Branche, Sorgfalt bei der Arbeit und noch vieles mehr. Auf diese Punkte gehe ich hier nicht näher ein, weil zum einen die Unterschiede in den einzelnen Branchen zu groß sind, und weil ich zum anderen voraussetze, daß Sie nicht vorsätzlich Fehler machen, um Reklamationen zu provozieren.

Die nachfolgenden Tips und Anregungen werden Ihnen dabei helfen, Reklamationen zu vermeiden und sie streßfreier zu bearbeiten.

7.1 Information verhindert Reklamation

Ist eine Reklamation hundertprozentig vorhersehbar, informieren Sie den Kunden, bevor er reklamiert. Damit ist nicht gemeint, daß Sie in Zukunft alle Kunden anrufen sollen,

171

wenn vielleicht etwas schiefgehen könnte. Sie würden damit nur „schlafende Hunde" wecken und unnötigen Ärger produzieren.

Wenn der Kunde auf eine Ware oder Dienstleistung wartet, er also einen festen Termin zugesagt bekommen hat und dieser, aus welchen Gründen auch immer, nicht eingehalten werden kann, sollten Sie den Kunden informieren, bevor er reklamiert. Er wird auf diese Information nicht begeistert reagieren, aber er wird nicht so verärgert sein, als wenn Sie abwarten, bis der Kunde bei Ihnen anruft und reklamiert. In einigen Fällen kann der Kunde sich auf eine verspätete Lieferung einstellen, wenn er früh genug Bescheid bekommt.

Das gilt für fast alle Zusagen, die dem Kunden gegeben worden sind, vom versprochenen Kollegenrückruf bis zum avisierten Liefertermin. Wenn der Kunde mehrmals eine verspätete Lieferung bekommt und nicht vorher informiert wird, also selbst nach dem Verbleib der Ware fragen muß, hat er natürlich irgendwann den Eindruck, daß Ihnen nicht sehr viel an der Zusammenarbeit liegt. Dazu ein Beispiel:

Der Kunde hat heute bei Ihnen eine Ware bestellt, die übermorgen bis 11.00 Uhr angeliefert werden soll. Heute Nachmittag bekommen Sie die Nachricht von dem Zulieferer, bei dem Sie die betreffenden Produkte einkaufen, daß aufgrund von Produktionsschwierigkeiten diese Ware erst in vier Tagen zum Kunden verschickt werden kann.

Jetzt wäre es richtig, den Kunden zu informieren, bevor er übermorgen nachmittag bei Ihnen anruft, um zu reklamieren. Sie können den Kunden auf verschiedene Art und Weise informieren: ein Fax schicken oder ihn anrufen. Eine schriftliche Information finden die meisten Kunden etwas feige, und außerdem kommt es dann meistens danach zum Reklamationsgespräch. Rufen Sie den Kunden am besten an, und informieren Sie ihn persönlich.

Bei Kunden, die Sie kennen und bei denen Sie wissen, daß diese sehr verärgert auf schlechte Nachrichten reagieren, ist es geschickter eine Kombination aus schriftlicher und telefonischer Mitteilung anzuwenden. Diese Vorgehensweise sieht so aus:

Als erstes schicken Sie dem Kunden ein Fax mit der schlechten Nachricht des Lieferverzugs. Machen Sie in diesem Fax unbedingt deutlich, daß Sie sich gleich bei ihm melden. Sie vermeiden so den Reklamationsanruf des Kunden. Der Kunde liest das Fax und wird sich natürlich ärgern, aber bis zu Ihrem Anruf wird zumindest ein Teil des Ärgers verraucht sein. Diese Methode funktioniert bei leicht reizbaren Kunden besonders gut. Das nachfolgende Faxbeispiel soll Ihnen helfen, eigene Texte zu entwickeln.

Beispiel für ein Fax zur Vorabinformation

Lieferung 1204/99

Sehr geehrter Herr Werner,

manchmal klappt trotz sorgfältigster Disposition nicht alles, wie es eigentlich klappen sollte.

Ich weiß, daß Sie dringend auf die oben genannte Lieferung warten. Leider habe ich soeben die Mitteilung von unserem Vorlieferanten bekommen, daß aufgrund eines Maschinenausfalls der angegebene Liefertermin nicht eingehalten werden kann.

Ich werde innerhalb der nächsten Stunde erfahren,
wann die Ware verbindlich an Sie versandt wird.
Ich melde mich dann sofort bei Ihnen.

Mit freundlichen Grüßen
XYZ GmbH

U. Dietze

Wenn Sie den versprochenen Rückruf einhalten, werden Sie feststellen, daß der Kunde viel weniger aufgeregt ist, als Sie vielleicht befürchtet haben.

7.2 Zulieferer- und Kollegenverpflichtung

Damit Sie Ihre Kunden im Vorfeld informieren können, sind Sie natürlich darauf angewiesen, daß Ihre Kollegen und Zulieferer die entsprechenden Informationen auch an Sie weitergeben. Sie können den Kunden nur informieren, wenn Sie wissen, daß es zu einem Reklamationsfall kommt.

Sie sollten deshalb Ihre Zulieferer und Ihre Kollegen aus den relevanten Abteilungen regelmäßig darauf hinweisen, wie wichtig für Sie diese Informationen sind. Das klappt in den meisten Fällen nicht auf Anhieb. Es erfordert ein ganze Menge Geduld und Beharrlichkeit. Nur wenn Sie regelmäßig bei Ihren Informanten nachhaken, wird sich der gewünschte Erfolg einstellen. Sie werden feststellen, daß eine Kollegen- und Zuliefererverpflichtung Ihnen enorm viel Zeit und Ärger ersparen kann.

174

Falls sich Kollegen permanent querstellen und Sie dadurch beim Kunden immer wieder ins offene Messer laufen, sollten Sie überlegen, eine andere Ebene im Unternehmen oder den Betriebsrat einzubeziehen. Das finde ich persönlich zwar nicht sehr gut, ist aber leider manchmal die einzige Möglichkeit, um hier weiterzukommen.

Wenn ein Zulieferer Ihnen die für Sie ausschlaggebenden Informationen vorenthält, sollte das gegebenenfalls durch die Geschäftsleitung klargestellt werden. Denn immerhin sind Sie bei diesem Zulieferer Kunde und können somit zu Recht erwarten, daß man Sie informiert, wenn Schwierigkeiten vorhersehbar sind.

In diesem Zusammenhang ist es wichtig zu wissen, wie man selbst richtig reklamiert. Rufen Sie bei einem Zulieferer immer nur dann an, wenn etwas nicht geklappt hat, kann es Ihnen passieren, daß Sie irgendwann dort als Problemkunde gelten.

7.3 Zulieferer- und Kollegenmotivation

Ich veranstalte bundesweit Seminare zu verschiedenen Themen. Diese offenen Seminare finden in Hotels statt, die also u.a. meine Zulieferer sind. Wenn ich oder meine Trainer mit dem Service im Hotel nicht zufrieden sind, reklamieren wir natürlich. Wir sprechen aber auch mit unseren Zulieferern, wenn der Service gut war.

Ich bitte nach dem Seminar meinen Ansprechpartner aus dem jeweiligen Hotel um ein kurzes Gespräch. In diesem Gespräch bringe ich meine Zufriedenheit mit dem Service des Hotels zum Ausdruck. Mein Ansprechpartner strahlt

175

nach so einem Gespräch meistens über das ganze Gesicht, ist also hoch motiviert. Was wird passieren, wenn ich einen Monat später wieder in diesem Hotel bin und irgendwelche Schwierigkeiten auftreten? Wird man mich nachlässig behandeln, weil man mich nur als ruhigen, netten Kunden kennt? Mit einiger Sicherheit wird alles getan, um einen so netten Kunden nicht zu vergrämen.

Bedanken Sie sich also ab und zu bei Ihren Zulieferern, wenn etwas besonders gut und schnell erledigt wurde. Sie können dann damit rechnen, daß man Sie als Kunde immer etwas bevorzugt behandeln wird. Das kostet natürlich etwas Zeit, aber es lohnt sich.

Das gleiche gilt für Ihre Kollegen. Machen Sie immer nur Druck, weil z. B. etwas nicht geklappt hat, kann man nicht erwarten, daß Mitarbeiter oder Kollegen mit Freude bei der Arbeit sind. Selbst wenn es in Ihrem Unternehmen noch keiner macht, fangen Sie doch an, mal zwischendurch Danke zu sagen oder ein Lob auszusprechen. Es kann Sie persönlich nur vorwärts bringen.

7.4 Vorbeugemaßnahme: Analyse von Reklamationsursachen

Lesen Sie bitte hierzu unbedingt Kapitel 6, in dem es um das professionelle Erfassen und Dokumentieren von Reklamationen geht. Nur wenn Sie wissen, warum es zu Reklamationen kommt, können Sie darangehen, diese im Vorfeld zu vermeiden. Das kann am Anfang eine einfache Strichliste sein, besser ist eine ausführliche, übersichtliche Erfassung wie in Kapitel 6 beschrieben. Gewichten Sie Ihre Reklamationen nach Häufigkeit und Abstellbarkeit der Ursachen.

Wenn acht von zehn Reklamationen beispielsweise durch Lieferverzug entstehen und der Versand Ihrer Produkte per Spedition erfolgt, dann müssen Sie sich mit diesem Zulieferer zusammensetzen und gemeinsam überlegen, wie Sie dieses Problem besser in den Griff bekommen.

7.5 Firmeninterne Workshops zur Reklamationsvermeidung

Wenn es darum geht, Reklamationen zu vermeiden, haben wir sehr gute Erfahrungen mit Workshops zu diesem Thema gemacht. An dieser Veranstaltung sollten die Mitarbeiter aller Abteilungen teilnehmen, die direkt oder indirekt mit Reklamationen zu tun haben.

Das Hauptproblem in vielen Unternehmen, vor allem in größeren, stellen die sogenannten internen Informationsflüsse und das Abteilungsdenken dar. Die Mitarbeiter in der Kundenbetreuung ärgern sich über den Einkauf, weil bestimmte Produkte nicht am Lager sind und es dadurch zu Reklamationen kommt. Sie wissen aber nicht, warum der Einkauf so agiert.

Der Workshop sollte nicht dazu dienen, interne Schuldzuweisungen für aktuelle Reklamationsfälle weiterzugeben. Nutzen Sie diese Veranstaltung, um gemeinsam, abteilungsübergreifend zu überlegen, wie Reklamationen vermieden werden können. Entwickeln Sie gemeinsam einen konkreten Aufgabenkatalog, und entlassen Sie die Mitarbeiter der einzelnen Abteilungen mit definierten Aufgaben in eine Praxisphase, in der die erarbeiteten Punkte umgesetzt werden sollen.

Nach dieser Phase führen Sie einen weiteren Workshop durch mit dem Ziel, die erreichten Ergebnisse mit den gestellten Aufgaben zu vergleichen, offene Punkte zu klären und gemeinsam weitere Verbesserungsmöglichkeiten zu erarbeiten. Wenn Ihr Unternehmen dafür zu groß ist, kann jede Abteilung ein bis zwei Mitarbeiter delegieren, die dann die anderen Mitarbeiter informieren. Durch diese Vorgehensweise fördern Sie nicht nur zusätzlich die Motivation der Mitarbeiter, sondern auch die internen Informationsflüsse. Dies wirkt sich positiv auf die Vermeidung von Reklamationen aus und, nicht zuletzt, auf das gesamte Betriebsklima.

Je nach Branche kann es durchaus richtig sein, Kunden mit in solche Workshops einzubeziehen. Der Kunde erkennt dadurch Ihr echtes Interesse an der Reklamationsvermeidung. In einigen Fällen fördern Sie damit auch die Verständnisbereitschaft für auftretende Reklamationen beim Kunden.

Schalten Sie also nach und nach die abstellbaren Reklamationsursachen aus. Eine Reklamation, die einmal vorkommt, führt normalerweise nicht zum sofortigen Verlust des Kunden. Falls jedoch z. B. Lieferverzug regelmäßig vorkommt, werden Sie in absehbarer Zeit Ihren Kunden verlieren.

7.6 Was Sie sonst noch tun können

Erklären Sie Ihren Kunden, wie Ihr Unternehmen funktioniert. Einer meiner Kunden ist ein Großhandelsunternehmen, das etwa 80000 Einzelprodukte vertreibt. Bei einer derartigen Produktvielfalt kommen natürlich ab und zu Falschlieferungen vor. Der Kunde, der die internen Abläufe nicht kennt, zeigt erfahrungsgemäß dafür wenig Verständnis. Seit einiger Zeit veranstaltet dieser Großhandel regelmäßig einen „Tag der offenen Tür". Dabei werden die Kunden durch das Unternehmen geführt, damit sie die einzelnen Abteilungen und deren Mitarbeiter persönlich kennenlernen. Seither haben die Kunden viel mehr Verständnis, wenn es einmal zu Falschlieferungen oder Lieferverzug kommt. Überlegen Sie, inwieweit bei Ihnen diese Vorgehensweise bereits umgesetzt wird bzw. eingeführt werden kann.

Schulen Sie sich und ihre Mitarbeiter regelmäßig im Umgang mit Kunden. Sie werden jetzt vielleicht denken: „Klar, daß der Dietze auf diesen Punkt viel Wert legt, ist ja sein Beruf." Doch damit hat es gar nichts zu tun, wenn ich dafür plädiere, gerade die Mitarbeiter im Innendienst in sinnvollen Abständen zu schulen.

Die Schulungen im fachlichen Bereich sind sehr wichtig und werden in den meisten Unternehmen auch regelmäßig durchgeführt. Die Schulungsmaßnahmen auf dem persönlichen und psychologischen Gebiet sind jedoch mindestens genauso wichtig. Gerade der Umgang mit verärgerten und anderen schwierigen Kunden stellt für viele Mitarbeiter ein großes Problem dar.

Machen Sie Ihre Mitarbeiter durch gezielte Schulungsmaßnahmen fit für den richtigen Umgang mit dem Kunden.

Das wirkt sich äußerst positiv auf die Motivation Ihrer Mitarbeiter und auf die Kundenbindung aus.

Die Produkte und Dienstleistungen, die wir heute verkaufen, werden bis auf Ausnahmen immer ähnlicher. Die meisten von uns haben einen oder mehrere Wettbewerber. Die Preisgestaltung ist in den meisten Fällen ebenfalls ausgeglichen und befindet sich je nach Marktbereich auf einem angeglichenen Niveau. Daß wir einen gewissen Service bieten, wird von den meisten Kunden heute vorausgesetzt.

Wenn alles gleich ist, Produkte, Dienstleistungen, Preise und Service, haben wir dann überhaupt noch eine Möglichkeit, uns von unseren Wettbewerbern abzuheben? Sie haben eine, und zwar eine große.

Es ist die Art und Weise, wie Sie, Ihre Mitarbeiter und Kollegen mit Ihren Kunden umgehen. Wenn die möglichen Zulieferer eines Kunden in den wesentlichen Punkten vergleichbar sind, dann wird er da kaufen, wo er sich am besten aufgehoben fühlt. Und das gilt insbesondere für die schwierigen Situationen, die auftreten können.

Wie sehr Sie auch daran arbeiten, Ihre Reklamationen im Vorfeld zu vermeiden, es wird Ihnen nie ganz gelingen. Für die auftretenden Fälle sollten Sie so oft wie möglich diese Grundregel anwenden: „Wenn eine Reklamation 100% vorhersehbar ist, informieren Sie den Kunden, bevor er reklamiert."

So vermitteln Sie Ihren Kunden den Eindruck, daß Sie deren Probleme ernst nehmen – das kann sich nur positiv auf die Kundenbindung auswirken.

Teil B

Spezielle Tips für den Reklamationsalltag

8
Wichtige Bilanz:
Warum gehen Kunden verloren?

Wir untersuchen regelmäßig in Unternehmen, aus welchen Gründen Kunden verlorengehen, an welchen Ursachen man etwas ändern kann und an welchen nicht. Solche Statistiken haben den Vorteil, daß man sehr schnell und sehr deutlich erkennen kann, wo im eigenen Unternehmen Schwachstellen liegen. Mit diesem Wissen ausgestattet, kann man an der Beseitigung dieser Gründe arbeiten.

Die prozentuale Aufteilung sieht folgendermaßen aus:

- 1% der Kunden sterben. Daran kann man wohl nichts ändern.
- 3% der Kunden ziehen um bzw. sind nicht mehr in Ihrem Einzugsgebiet ansässig. Auch daran läßt sich je nach Unternehmensstruktur wenig ändern.
- 4% der Kunden verlieren Sie aufgrund der natürlichen Fluktuation. Das bedeutet, der Kunde ist entweder pleite oder hat keinen Bedarf mehr an Ihren Produkten und Dienstleistungen.
- 5% der Kunden wechseln aufgrund von positiven und negativen Empfehlungen durch Freunde und Bekannte. Hiermit ist die Mund-zu-Mund-Propaganda gemeint, die zufriedene oder unzufriedene Kunden für Ihr Unternehmen machen. An diesem Punkt können Sie einiges verbessern. Lesen Sie hierzu das Kapitel 7, in dem um das Vermeiden von Reklamationen geht.

- 9% der Kunden wechseln, weil sie ein aus ihrer Sicht vergleichbares Angebot bei einem Wettbewerber günstiger oder deutlich günstiger bekommen.
- 10% der Kunden, die wechseln, kann man nicht halten. Es stellt sich sogar die Frage, ob es Sinn macht, diese Kunden zu halten. Es sind, entschuldigen Sie den harten Ausdruck, notorische Querulanten. Man muß sicherlich genau hinschauen, ehe man einen Kunden dieser Kategorie zuordnet. Ein Kunde der dreimal am Tag anruft, um nachzufragen, wo seine Ware bleibt, und dabei laut wird, muß nicht automatisch zu dieser Gruppe gehören.

Notorische Querulanten sind Kunden, die wegen tatsächlich winziger Kleinigkeiten nicht nur drohen, sondern direkt zum Anwalt gehen, die sofort – auch bei unberechtigten Reklamationen – die Zahlung verweigern und überall erzählen, wie schlecht Ihr Unternehmen ist. Zu den notorischen Querulanten zählt man auch die Kunden, die Schäden selbst verursachen, um nachträglich die Preise zu drücken.

Damit sind nicht die Kunden gemeint, die sehr betreuungsintensiv sind. Bei denen müssen Sie einfach die Zeit mit den Umsatz- und Ertragszahlen ins Verhältnis setzen und überlegen, ob der Aufwand gerechtfertigt ist.

Wenn Sie für Ihren Kunden wirklich alles getan haben, um ihn zufriedenzustellen, und er reagiert immer negativ, dann sollten Sie sich irgendwann die Frage stellen, ob man es diesem Kunden überhaupt recht machen kann. Ich bitte Sie, mich hier richtig zu verstehen. Der Kunde darf zu Recht erwarten, daß man sich hundertprozentig um ihn kümmert. Kundenorientiertes Verhalten hat aber zumindest nach meiner Meinung nichts damit zu tun, daß man es allen Kunden recht machen kann. Es hängt natürlich auch ein wenig vom Kunden selbst ab. Zum Glück stellen so schwierige Kunden eine Ausnahme dar.

Erinnern Sie sich einmal an Ihr privates Umfeld. Warum kaufen Sie Ihre Kleidung lieber in dem einen Geschäft als in dem anderen? Warum geben Sie Ihr Auto lieber in die eine Werkstatt als in die andere? Warum buchen Sie Ihren Urlaub nicht mehr in dem Reisebüro, in dem Sie bis vor einem Jahr Kunde waren?

Es liegt nicht daran, daß Sie verstorben sind. Vielleicht sind Sie umgezogen, vielleicht brauchen Sie ein bestimmtes Produkt oder eine bestimmte Dienstleistung momentan nicht, vielleicht haben Sie einen positiven Hinweis oder eine Warnung von einem Freund bekommen. Es kann auch am Preis liegen, daß Sie gewechselt haben. Wir müssen schließlich alle schauen, daß wir mit unseren Finanzen zurechtkommen.

Ich unterstelle einmal, daß Sie kein notorischer Querulant sind, sondern ein netter Kunde. Sie werden in den meisten Fällen wechseln, weil Sie irgendwann den Eindruck gewonnen haben: „Ich glaube denen ist es egal, ob ich hier Kunde bin oder nicht!"

68% der Kunden wechseln heute, weil sie das Gefühl haben, daß man Ihren Problemen und Wünschen gleichgültig gegenübersteht. Dieses Gefühl kommt nicht allein durch das Auftreten von Reklamationen wegen Lieferverzugs, qualitativen Mängeln oder ähnlichem. Fehler sind für die meisten Kunden entschuldbar. Ein Kunde bekommt dieses Gefühl in erster Linie durch die Art und Weise, wie Sie mit seinen Sorgen und Problemen umgehen. Wenn Sie die fünf Phasen des Reklamationsgesprächs grundlegend anwenden, wird bei Ihren Kunden dieser Eindruck zumindest seltener auftreten.

Natürlich gibt es auch Gründe zum Wechsel, die in Kombination auftreten. Wenn der Kunde sich nicht gut behandelt fühlt und parallel dazu ein günstigeres Angebot von einem Wettbewerber bekommt, können Sie fast sicher sein, daß dieser Kunde über kurz oder lang wechseln wird. Aber auch heute, wo Kunden aufgrund der allgemeinen wirtschaftlichen Situation mehr auf die Konditionen achten müssen, ist der Preis allein nur sehr selten der Hauptgrund zum Wechsel.

Wenn sich ein Kunde bei Ihnen richtig wohl fühlt und er ein günstigeres Angebot von einem Wettbewerber bekommt, bedeutet das noch lange nicht, daß er wechselt. Im besten Fall ist er bereit, Ihren höheren Preis zu akzeptieren, weil er sich gut betreut fühlt. Im schlechtesten Fall gibt er Ihnen zumindest die Chance, etwas am Preis zu tun.

Ein weiteres Problem sehe ich in der permanent erzeugten, zu hohen Erwartungshaltung beim Kunden. Gehen Sie einmal durch die Fußgängerzone Ihrer Stadt. Was lesen Sie fast überall: „Bei uns ist der Kunde König", „Gut ist uns nicht gut genug", „Wir sind die schnellsten und besten ..." usw. Natürlich müssen wir alle werben, wir können auch in der Werbung nicht unbedingt unsere Schwachstellen offenlegen, da wir Kunden nicht abschrecken, sondern gewinnen wollen. Nur sollten wir darauf achten, daß wir von Anfang an nicht soviel versprechen, daß Reklamationen vorprogrammiert sind, weil diese Versprechen nicht einzuhalten sind. Positiv überraschen kann man Kunden, indem man das einhält, was man versprochen hat, oder besser noch, sie etwas mehr bekommen als sie erwartet haben.

Einfachstes Beispiel dafür ist eine ganz normale Rückrufzusage. Ein Kunde ruft bei mir an und möchte irgendeine Information haben. Wenn ich nicht sofort helfen kann, vereinbare ich natürlich einen Rückruf. Ich würde nie zu einem Kunden sagen: „Ich rufe Sie gleich zurück!", um dann erst nach Stunden bei ihm anzurufen. Ich würde je nach benötigter Zeit sagen: „Ich kläre das für Sie. Wo kann ich Sie innerhalb der nächsten Stunde erreichen?" Sie können sicher sein, daß ich diese zugesagte Stunde nicht überschreiten werde. Im Gegenteil, wenn ich eine Stunde zusage, können Sie die Uhr danach stellen, daß ich spätestens nach 45 Minuten bei dem Kunden anrufe. Dann bekommt er entweder die gewünschte Information, oder ich teile ihm mit, daß ich noch etwas Zeit benötige, und vereinbare einen weiteren Rückruf. Mehr einhalten, als Sie versprochen haben, bedeutet, Kunden positiv zu überraschen.

Wenn dagegen eine überzogene Erwartungshaltung beim Kunden erzeugt wird und diese nicht eingehalten werden kann, entsteht fast immer Frustration und Verärgerung beim Kunden.

Ich plante vor einiger Zeit eine Veranstaltung in Neubrandenburg und ließ mir deshalb von einigen Hotels Angebote unterbreiten. Über ein Angebot war ich überrascht. Neben dem eigentlichen Angebot bekam ich eine Liste zugesandt, in der die vier goldenen Kulanzregeln der XY-Hotelkette standen:

• Wenn unsere Auftragsbestätigung zu spät kommt, können Sie 500 DM von der Bankettrechnung abziehen.
• Wenn die Tagungstechnik nicht einwandfrei funktioniert, können Sie 500 DM von der Bankettrechnung abziehen.

- Wenn die Pausenverpflegung zu spät serviert wird, können Sie 500 DM von der Bankettrechnung abziehen.
- Wenn die Pausenverpflegung nicht in Ordnung ist, können Sie 500 DM von der Bankettrechnung abziehen.

Ich gehöre nicht zu den Kunden, die reklamieren, um nachträglich Geld zu sparen. Aber ich muß zugeben, daß ich beim Lesen dieser Liste anfing nachzurechnen, ab wievielen Fehlern diese Veranstaltung für mich sozusagen kostenlos sein würde. Und es kam, wie es kommen mußte. An dem Veranstaltungstag funktionierte die Technik nicht einwandfrei und konnte auch nicht repariert werden, die Pausenverpflegung kam zu spät, und es fehlte außerdem etwas. Die Mitarbeiter in diesem Hotel waren außerordentlich freundlich und bemüht, konnten aber ihren eigenen Ansprüchen nicht genügen.

Als die Rechnung für diese Veranstaltung kam, wertete ich das freundliche Verhalten der Mitarbeiter positiv und zog nur zweimal 500 DM für die defekte Technik und die teilweise fehlende Pausenverpflegung ab.

Wie ist Ihre Meinung dazu? War das berechtigt oder nicht? Ich war der Meinung und bin es nach wie vor, daß dieser Rechnungsabzug gerechtfertigt war. Ein paar Tage später rief mich die Bankettleiterin des Hotels an und versuchte in einer äußerst unprofessionellen Art und Weise mir zu beweisen, daß mein Rechnungsabzug unberechtigt sei. Ich sollte nicht so kleinlich sein, schließlich könne so etwas immer mal passieren.

Auch ich bin der Meinung, daß Fehler auftreten können und entschuldbar sind, aber ich wäre doch nie von allein auf die Idee gekommen, Geld von der Rechnung abzuziehen, wenn das Hotel nicht vorher so massiv mit Kulanzzusagen geworben hätte. Ich erklärte der Mitarbeiterin meinen Standpunkt und bat sie, sich noch einmal Gedanken darüber zu machen.

Sie machte sich wohl auch Gedanken. Als Ergebnis bekam ich zwei Tage später eine erste Mahnung über den Gesamtbetrag. In dieser ersten Mahnung drohte man mir bereits mit Inkasso und Rechtsanwalt. Ich bezahlte diese Rechnung komplett, weil ich üblicherweise nie für Fehler, die passieren können, Rechnungen kürze. In diesem Fall ging es mir tatsächlich nur um das Prinzip.

Wer eine Leistung verspricht und diese nicht erbringt, muß damit rechnen, daß die Kunden sich übervorteilt fühlen, wenn man dafür keine plausible Erklärung hat.

Übertriebene Leistungszusagen führen beim Kunden fast immer dazu, daß er sich unfair behandelt fühlt. Sie selbst sollten überprüfen, inwieweit es bei Ihnen zu solchen überzogenen Zusagen kommt. Machen Sie es sich zur Grundregel: Versprechen Sie weniger und halten Sie mehr ein!

9
Zusammenhang zwischen Reklamations-
behandlung und Kundenbindung

Eine Frage, die etwas provokant gemeint ist: Was ist bei einer berechtigten Reklamation eigentlich wichtiger? Einfach die Behebung der Ursache oder die Art und Weise, wie dies geschieht? Oder anders gefragt: Bedeutet das Beheben der Reklamationsursache automatisch, daß der Kunde wieder zufrieden ist? Dazu ein Beispiel:

Eine Freundin meiner Frau hat sich vor drei Monaten eine neue Spülmaschine gekauft. Plötzlich wurde das Geschirr nicht mehr richtig sauber. Sie rief also bei dem Haushaltsgerätehändler an, bei dem sie die Maschine gekauft hat, und bekam folgendes zu hören:

Händler: „Na ja, wahrscheinlich haben Sie vergessen, das Spülsieb zu reinigen, aber wenn es sein muß, schicke ich morgen jemanden vorbei."

Am nächsten Tag kam tatsächlich ein Mitarbeiter, der feststellte, daß es nicht an dem Spülsieb lag. Da er nicht die richtigen Ersatzteile dabei hatte, konnte die Maschine erst bei einem weiteren Termin repariert werden. Die Freundin meiner Frau mußte sich deswegen noch einen Tag Urlaub nehmen. Nach der Reparatur war die Küche total verdreckt, und beim Verlassen des Hauses machte der Techniker auch noch eine leicht abfällige Bemerkung über die Wohngegend.

Was glauben Sie, wird diese Frau noch einmal ein Gerät bei dieser Firma kaufen, die doch immerhin die Reklamation mehr oder weniger prompt behoben hat? Die Antwort lautet: Nein! Und warum? Das Beheben einer Reklamation bedeutet eben nicht automatisch, daß ein Kunde danach wieder zufrieden ist.

Die richtige Antwort auf die Ausgangsfrage lautet: Die Art und Weise wie Sie eine Reklamation behandeln, ist oft viel wichtiger, als sofort die Reklamationsursache zu beheben. Die Reklamationsursache könnte in vielen Fällen zur Not auch ein Wettbewerber von Ihnen beseitigen.

Bitte prägen Sie sich diese Aussage fest ein, denn das wird oft völlig anders gesehen. Der Kunde ruft an und reklamiert. Wir versuchen, so schnell wie möglich das Problem zu erkennen und die Reklamationsursache zu beheben und wundern uns, warum der eine Kunde zufrieden ist und der nächste überhaupt nicht.

Was hat die Art und Weise der Reklamationsbehandlung mit der Kundenbindung zu tun?

Ich erkläre es Ihnen an einem Beispiel:

Kunde A ist seit zwölf Monaten Kunde bei Ihnen. Er wurde immer pünktlich beliefert und hatte auch sonst keinerlei Reklamationen.

Kunde B ist auch seit zwölf Monaten Kunde bei Ihnen. Er ist in dieser Zeit zweimal zu spät und einmal falsch beliefert worden.

Welcher Kunde ist eher Kandidat dafür, ein Stammkunde Ihres Unternehmens zu werden, – Kunde A, der nie Probleme hatte, oder Kunde B, der ab und zu ein kleines Problem hat?

Es gibt nur eine richtige Antwort auf diese Frage: Kunde B ist eher ein Kandidat, Stammkunde zu werden als Kunde A, wenn die Art und Weise der Reklamationsbehandlung gestimmt haben.

Natürlich ist auch Kunde A ein Stammkundenkandidat, aber es ist nachweisbar, daß gerade Kunden die nie Probleme haben, viel eher dazu neigen, aufgrund eines unwesentlich günstigeren Angebots sofort den Zulieferer zu wechseln. Aus dem einfachen Grund, weil er Ihre gute Qualität als selbstverständlich auch beim Wettbewerber voraussetzt. Er weiß ja nicht, daß Probleme auftauchen können.

Untersuchungen verschiedener Wirtschaftsinstitute belegen: Die Chance, einen reklamierenden Kunden an Ihr Unternehmen zu binden ist:

- 2,5 mal größer durch eine professionelle Reklamationsbehandlung, unabhängig davon, ob Sie dem Kunden sofort weiterhelfen können! Es ist nur abhängig von der Art und Weise, wie Sie ihn behandeln.
- 7 mal größer durch eine professionelle Reklamationsbehandlung und eine Problemlösung.
- 9,5 mal größer durch eine professionelle Behandlung und eine schnelle Problemlösung.

Was bedeutet eine professionelle Behandlung?

Mit einer professionellen Behandlung ist gemeint, daß Sie in der Lage sein sollten, unabhängig von privaten und firmeninternen Problemen, die drei Grundverhaltensregeln – Freundlichkeit, Interesse, Verständnis – aus dem Kapitel 1 einzusetzen, und zwar immer.

Wir sind alle nur Menschen, und man ist nicht immer in gleich guter Verfassung. Außerdem gibt es sicherlich Kunden, die einen wirklich nerven können. Das sollte Sie jedoch nicht dazu verleiten, eventuelles Fehlverhalten des einen Kunden am nächsten auszulassen.

Wenn Sie gerade mit einem unfairen Kunden gesprochen haben, der Sie vielleicht sogar verbal angegriffen hat, dann wäre es eben professionell, das nicht den nächsten Kunden spüren zu lassen. Sie machen es sich damit nur unnötig schwer, denn der nächste Kunde kann nicht wissen, welche Probleme Sie gerade hatten, und wird Ihr Verhalten als Unfreundlichkeit ihm gegenüber interpretieren und seinerseits entsprechend mit Ihnen umgehen.

Die Chance, einen reklamierenden Kunden an Ihr Unternehmen zu binden, ist 2,5 bis 9,5 mal größer, als einen Kunden zu binden, der nie Probleme mit Ihnen hat. Kunden wollen nicht königlich behandelt werden, sondern partnerschaftlich, so wie sie es in ihrem Freundeskreis gewohnt sind. Und wodurch entsteht echte Freundschaft? Dadurch, daß man nur die guten Zeiten gemeinsam erlebt? Natürlich nicht. Denken Sie an Ihr privates Umfeld, die besten Freunde sind die, auf die man auch zählen kann, wenn es Probleme gibt. Das gleiche gilt in diesem Zusammenhang für die Beziehung zu Ihren Kunden. Wenn Sie Ihren Kunden bei schwierigen Problemfällen zur Seite stehen, dann entsteht dadurch ein intensives Verhältnis. Das ist durchaus mit Freundschaft zu vergleichen.

Kennen Sie den Begriff
„vorprogrammierte Erstreklamation"?

Nehmen wir an, Sie sind Einkäufer einer mittelgroßen Firma mit 50 EDV-Arbeitsplätzen, und Sie möchten für alle Arbeitsplätze neue Laserdrucker anschaffen. Die meisten Einkäufer gehen her und lassen sich von verschiedenen Herstellern Testgeräte aufstellen, um Stärken und Schwächen selbst zu testen.

Wenn Sie nun bestimmte Hersteller dabeihaben, so ist vorprogrammiert, daß innerhalb der ersten sechs Stunden des Testlaufs irgendeine kleine Reklamation auftritt, z.B. eine Fehlermeldung im Display: Bitte rufen Sie umgehend den Service an! Sie rufen also bei dieser Firma an, um zu reklamieren. Sie werden erstaunt sein, wie freundlich Sie behandelt werden, wie schnell der Servicemitarbeiter bei Ihnen ist und wie schnell der Fehler behoben wird. Letztendlich sollen Sie denken, okay, es war nicht gut, daß eine Fehlermeldung aufgetreten ist, aber ich bin so freundlich behandelt worden, und der Servicetechniker war so schnell bei mir. Für den Fall, daß wir mal 50 Geräte von dieser Firma haben, scheint das genau der richtige Zulieferer zu sein. Vorsicht vor solchen Kundenmanipulationen! Wenn das mal konkret herauskommt, verkehrt sich dieser Effekt natürlich voll ins Gegenteil.

Dieses Beispiel soll Ihnen folgendes verdeutlichen: Natürlich haben Sie und ich lieber mit netten und freundlichen Kunden zu tun, und ich kann mir kaum vorstellen, daß Sie morgen zu Ihren Kollegen sagen: „Bitte alle Reklamationen auf meinen Schreibtisch, und alle verärgerten Kunden bitte sofort zu mir durchstellen".

Aber wenn Sie ab morgen mit der Einstellung an die Sache herangehen, daß Reklamationen zwar nicht immer angenehm sind, aber in erster Linie eine große Chance darstellen, einen Kunden ans Unternehmen zu binden, dann sind Sie auf dem richtigen Weg.

Es geht nicht darum, dem Kunden sofort irgendeine Lösung anzubieten. Vielmehr geht es erst einmal darum, dem Kunden das Gefühl zu geben, daß er in Ihnen einen freundlichen, interessierten und verständnisvollen Ansprechpartner hat. Sie werden erstaunt sein, wie leicht dann die eigentliche Problemlösung oftmals ist.

10
Positive und negative sprachliche Verstärker

Normalerweise kommt es in erster Linie darauf an, wie Sie etwas sagen, nicht darauf, was genau Sie sagen. Eine freundliche und interessierte Ausdrucksweise ist sicher unverzichtbar, um mit Lösungsvorschlägen beim Kunden Akzeptanz zu finden. Es ist darüber hinaus wichtig, daß Formulierungen beim Kunden ehrlich gemeint ankommen. Aber gerade im Reklamationsgespräch ist der Kunde äußerst sensibel und neigt dazu, bestimmte Ausdrucksweisen falsch zu verstehen, also anders aufzunehmen, als Sie es gemeint haben.

Von vielen Kunden wird jedes Wort, das Sie sagen, auf die Goldwaage gelegt. So kann es Ihnen passieren, daß Sie etwas zum Kunden sagen, in der Absicht, Hilfe anzubieten oder Verständnis zu zeigen, und der Kunde reagiert völlig anders als erwartet oder gewollt. Das kann zum einen daran liegen, daß die Art und Weise der Formulierung nicht richtig gewählt war. Zum anderen kann es an den Redewendungen selbst liegen. Sie können eine Aussage positiv oder negativ sprachlich verstärken.

Im Bereich negativer sprachlicher Verstärker gibt es eine Unmenge von Beispielen. Wir werden uns auf den nächsten Seiten nur auf jene Formulierungen beschränken, die in den meisten Fällen zu Mißverständnissen und somit zur weiteren Verärgerung des Kunden führen.

Formulierungen, die Kunden verärgern

Ein verärgerter Kunde reklamiert beim Kundendienstmitarbeiter wiederholten Lieferverzug einer dringend benötigten Ware. Der Mitarbeiter hat den Kunden freundlich begrüßt, ihm aktiv und interessiert zugehört und den Kunden nicht unterbrochen. Bevor er nun weiter nachfragt oder eine Lösung anbietet, möchte er richtigerweise Verständnis für den Ärger des Kunden zeigen, damit dieser sich etwas beruhigt. Er sagt folgendes zum Kunden:

Ungeschickte Formulierung: „Herr Weber, jetzt regen Sie sich doch nicht so auf, das bekommen wir schon hin!"

Was meinen Sie, wie reagiert der Kunde auf diese Verständnisformulierung? Probieren Sie es lieber nicht aus, wahrscheinlich wird der Kunde durch diese Aussage noch ärgerlicher, als er vorher schon war, weil er sich nicht ernstgenommen fühlt. Die Formulierung „regen sie sich doch nicht so auf" wird von den meisten Kunden mit dem Versuch des Herunterspielens des Problems verwechselt und führt daher nicht zur Beruhigung, sondern zu weiterer Verärgerung.
Der Mitarbeiter startet einen zweiten Versuch:

Übertriebene Formulierung: „Herr Weber, tut mir natürlich schrecklich leid, aber ..."

Die Redewendung „tut mir natürlich schrecklich leid, aber ..." ist zu übertrieben, um beim Kunden glaubwürdig anzukommen. Es hört sich daher in den Ohren des Kunden eher

an wie: „Das tut mir so leid, wie alles andere auch nicht!"
Das Wörtchen aber verneint zusätzlich die eigentlich positiv
gewollte Wirkung dieser Formulierung.
Der Mitarbeiter startet einen dritten Versuch:

Schon bessere Formulierung: „Herr Weber, wir können
wirklich gut verstehen, daß Sie sich über den wiederholten
Lieferverzug geärgert haben."

Jetzt ist der Mitarbeiter zumindest auf dem richtigen Weg, er
hat eine positive Verständnisformulierung gewählt, und er
hat den Reklamationsgrund in seine Formulierung integriert.
Das einzige Problem ist die Wir-Form. Sie können ehrliches
Verständnis besser in der Ich-Form zeigen. Eine Ausnahme
stellt hier lediglich die schriftliche Reaktion auf Reklamationen dar, hier wird meist die Wir-Form benutzt.

Positive Verständnisformulierungen bei
berechtigten Reklamationen

- „Herr Weber, ich kann sehr gut verstehen, daß Sie sich
  über den Lieferverzug geärgert haben."
- „Herr Weber, an Ihrer Stelle wäre ich wahrscheinlich genauso verärgert."
- „Herr Weber, Sie haben absolut recht! Viermal hintereinander zu spät zu liefern, darf an sich nicht vorkommen!"

Die Formulierung „Sie haben recht" sollte man natürlich nur
gebrauchen, wenn der Kunde eine wirklich berechtigte Reklamation vorbringt. Dann aber funktioniert sie hervorra-

199

gend. Sie nehmen dem Kunden damit jegliche Chance, auf Sie persönlich ärgerlich zu sein.

Je nach Branche ist der Tonfall und die Formulierung etwas sachlicher oder herzlicher zu wählen. Ein ehrlich gemeintes „Kann doch wohl nicht wahr sein!" oder „So ein Mist, daß das wieder nicht geklappt hat!" kann oft besser und glaubwürdiger beim Kunden ankommen, als eine zu perfekt formulierte Verständnisaussage.

Wenn Sie sich noch nicht sicher sind, ob die Reklamation berechtigt oder unberechtigt ist, sollten Sie mit der Formulierung „Ich kann Sie wirklich gut verstehen." vorsichtig sein. Denn diese Aussage weckt beim Kunden natürlich die Erwartung, seine Reklamation sei berechtigt und ihm werde sofort geholfen.

Formulierungen für den Zweifelsfall

Wie formuliert man Verständnis, wenn noch nicht klar ist, ob eine berechtigte oder unberechtigte Reklamation vorliegt?

Ein verärgerter Kunde reklamiert beim Kundendienstmitarbeiter eine Falschlieferung. Der Mitarbeiter weiß zu diesem Zeitpunkt noch nicht genau, ob wirklich die falsche Ware an den Kunden verschickt worden ist, oder ob der Kunde vielleicht selbst falsch bestellt hat. Er hat dennoch den Kunden freundlich begrüßt, ihm aktiv und interessiert zugehört und den Kunden nicht unterbrochen. Bevor er nun weiter nachfragt oder eine Lösung anbietet, möchte er richtigerweise Verständnis für den Ärger des Kunden zeigen, damit dieser sich etwas beruhigt. Er sagt folgendes zu seinem Kunden:

Nicht so geschickte Formulierung: „Herr Schreiber, ich kann verstehen, daß Sie sich darüber geärgert haben, daß wir Sie falsch beliefert haben!"

Diese Reaktion ist im berechtigten Reklamationsfall sicherlich richtig.

In diesem Fall jedoch ist diese Formulierung nicht so geschickt, da noch nicht klar ist, wo der Fehler liegt. Der Mitarbeiter übernimmt hier bereits die volle Verantwortung.

Positive Verständnisformulierungen

Nachfolgend einige Beispiele für positive Verständnisformulierungen, wenn noch nicht feststeht, ob es sich um eine berechtigte oder unberechtigte Reklamation handelt.

Mitarbeiter: „Herr Schreiber, wenn Sie die Jacke in Blau bestellt haben und wir haben sie in Rot geliefert, dann ist das nicht in Ordnung, und ich kann gut verstehen, daß Sie sich geärgert haben!"

Die Wenn-Formulierung sollte auf keinen Fall wie folgt beim Kunden ankommen: „Wenn Sie wirklich ganz, ganz sicher sind, daß Sie, Herr Kunde, nicht vielleicht doch falsch bestellt haben ..." Betonen Sie das „wenn" nicht extra, sondern bringen Sie es einfach unverfänglich in die Formulierung ein. Sie zeigen damit Verständnis, der gewünschte Effekt des sich beruhigenden Kunden tritt ein. Sie lassen aber völlig offen, wo der Fehler liegt, und genau das ist richtig in diesem Fall.

Weitere mögliche Formulierungen:

- „Herr Schreiber, es tut mir wirklich leid, daß es diese Schwierigkeiten bei der letzten Lieferung gab!"
- „Herr Schreiber, es tut mir sehr leid, daß Sie sich so geärgert haben!"
- „Herr Schreiber, es tut mir sehr leid, daß die Ware nicht Ihren Vorstellungen entspricht!"

Die Formulierung „es tut mit sehr leid" zeigt Verständnis, ohne eine besonders große Erwartungshaltung beim Kunden zu erzeugen. Wichtig ist gerade bei dieser Formulierung, daß sie nicht heruntergeleiert, sondern ehrlich mitfühlend ausgedrückt wird. Dann erzielen Sie den gewünschten Effekt, daß der Kunde seine Habachtstellung aufgibt und sich zumindest etwas beruhigt.

Formulierungen, die meistens von Kunden
falsch verstanden werden

Eine verärgerte Kundin reklamiert in der Buchhaltung eine angeblich zu hohe Rechnung. Der Mitarbeiter weiß zu diesem Zeitpunkt noch nicht genau, ob die Rechnung wirklich zu hoch ausgestellt wurde, oder ob sie korrekt ist. Er sagt zur Kundin:

Mitarbeiter: „Frau Piel, das muß ich erst nachprüfen!"

Natürlich muß der Mitarbeiter erst prüfen, ob die Rechnung wirklich zu hoch ausgestellt worden ist. Die Formulierung

„das muß ich erst nachprüfen" kommt aber bei den meisten Kunden falsch an. Viele Kunden mißverstehen diese Aussage als Unterstellung einer Lüge, oder sie denken, daß man ihnen nicht glauben will. So kann es Ihnen leicht passieren, daß Kunden anfangen, lautstark zu lamentieren. Dazu ein weiteres Beispiel:

Ein Kunde ruft bei einem Innendienstmitarbeiter an und behauptet steif und fest, ein Außendienstmitarbeiter habe ihm zugesagt, er bekäme auf seine nächste Bestellung 10% zusätzlichen Rabatt. Der Mitarbeiter kann sich das nicht vorstellen und sagt zum Kunden:

Mitarbeiter: „Herr Jacobi, das kann nicht sein!"

Auch hier unterstellen wir dem Kunden eigentlich, daß er lügt.

Mitarbeiter: „Herr Jacobi, das kann ich mir nicht vorstellen!"

Mit dieser Formulierung zweifeln wir ebenfalls die Glaubwürdigkeit des Kunden an. Wenn der Kunde Sie mit Aussagen oder Behauptungen konfrontiert, die Sie für unglaubwürdig halten oder zu denen Sie in diesem Moment keine klare Aussage treffen können, weil Sie den Sachverhalt erst überprüfen müssen, versuchen Sie möglichst, Formulierungen zu benutzen, die keine zusätzlichen Konflikte bei dem verärgerten Kunden erzeugen.

Sagen Sie nicht:

- „Das muß ich erst nachprüfen."
- „Das kann nicht sein!"
- „Das kann ich mir nicht vorstellen!"

Sagen Sie: „Herr Kunde, ich kläre das für Sie!"

Wir haben diese Formulierung in vielen Gesprächen getestet, sie funktioniert sehr gut, da sie völlig konfliktfrei ist.

Besser kümmern als bemühen

Was ist damit gemeint? Ein verärgerter Kunde reklamiert eine beschädigte Ware.

Die Mitarbeiterin im Kundendienst sagt zu ihm: „Herr Dr. Ulbrich, ich bemühe mich um eine schnelle Nachlieferung!"

Es gibt jedes Jahr ein „Unwort des Jahres". 1997 wird es wohl das Wort „Reformen" sein, 1996 war es „Diätenanpassung" und Ende der achtziger Jahre ging das Wort „bemühen" durch das „Unwort"-Ziel.

Bemühen heißt wörtlich übersetzt: „Ich mache es zwar, aber es ist sehr mühsam für mich. Ich habe eigentlich keine Lust dazu, und die Erfolgsaussichten sind nicht besonders gut." Wenn in einem Arbeitszeugnis steht: „Der Mitarbeiter war bemüht, seinen Aufgaben gerecht zu werden.", sollte dieser Mitarbeiter entweder sein Zeugnis umschreiben lassen oder es niemandem zeigen. Diese Aussage bedeutet schlichtweg Note 6.

Ersatzweise dürfen Sie meistens auch nicht zum Kunden sagen, sie würden dieses oder jenes garantieren. Sie können aber zum Ausdruck bringen, daß Sie den Kunden verstanden haben und daß Sie sich dieses Problems annehmen.

Ersetzen Sie das Wort „bemühen" einfach durch „kümmern".

Gute Formulierung: „Herr Dr. Ulbrich, ich weiß, wie dringend Sie die Ware brauchen, ich kümmere mich sofort um diese Angelegenheit!"

Kümmern verspricht nicht zu viel, klingt aber sehr viel besser als bemühen.

Die Begriffe Reklamation und Beschwerde

Die vorhergehenden Beispiele sollten Ihnen aufzeigen, wie sich bestimmte Sachverhalte positiv oder eher negativ darstellen lassen. Die Begriffe Reklamation oder Beschwerde sind ebenfalls stark negativ besetzt. Ich benutze sie in diesem Buch dennoch häufiger, da wir ja über dieses Thema sprechen. Im Umgang mit Ihren Kunden sollten Sie diese Begriffe, wenn es geht, durch andere ersetzen.

Wenn ein Kunde mit einem Problem anruft und in der Telefonzentrale ihm einer freundlich sagt: „Kleinen Moment bitte, ich verbinde Sie mal mit unserer Reklamationsabteilung!", bekommt dieser Kunde folgenden Eindruck vermittelt: In dieser Firma muß es ja unheimlich viele Probleme geben, wenn es schon eine eigene Abteilung für Reklamationen gibt.

Sie sollten allerdings die ganze Angelegenheit nicht übertreiben. Ein Kunde rief mich einmal nach einem Seminar an und teilte mir mit, daß er seine Reklamationsabteilung jetzt umbenannt habe. Seine Kunden, die wegen einer Reklamation anrufen, bekommen nun zu hören: „Kleinen Augenblick bitte, ich verbinde Sie mit unserer Abteilung für zufriedene Kunden!" Das klingt zwar positiv, könnte jedoch dazu führen, daß der Kunde sich nicht ganz ernstgenommen fühlt. Die richtige Bezeichnung für Reklamationsabteilung ist Kundenbetreuung oder Serviceabteilung.

Eingefahrene Formulierungen durch neue ersetzen

Es ist erfahrungsgemäß nicht immer leicht, bestimmte Begriffe und Redewendungen, die man sich im Lauf der Zeit angewöhnt hat, einfach abzulegen und durch neue zu ersetzen. Oft erkennt man im Gespräch erst nach einer ausgesprochenen Formulierung, wie gut oder schlecht sie beim Kunden angekommen ist.

In meinen Seminaren zum Thema Reklamationsbehandlung habe ich bereits des öfteren einen Tip von Teilnehmern bekommen, den ich an Sie weiterreichen möchte. Wenn Sie mit Kunden hauptsächlich am Telefon sprechen, sollten Sie einfach in regelmäßigen Abständen ein Gespräch auf Tonband aufnehmen. Zeichnen Sie dabei nicht den Part des Kunden auf, sondern nur das, was Sie sagen. Die Aufnahme funktioniert mit einem normalen Diktiergerät. Stellen Sie es einfach neben das Telefon, und schalten Sie es ein, wenn der nächste Anruf kommt. Es geht nicht darum, täglich 20 Gespräche aufzunehmen und auszuwerten. Es reicht völlig dies ab und zu zu tun.

Wenn Sie z.B. einen Kunden anrufen, um ihm mitzuteilen, daß die nächste Lieferung verspätet kommt, sollten Sie einfach einmal aufzeichnen, was Sie in einer stressigen Gesprächssituation so von sich geben. Dabei kann man allerlei Hochinteressantes herausfinden. Sie können Ihre Meldung überprüfen, hören, ob Sie aktiv und interessiert zugehört haben, Ihre Verständnisformulierung und Ihre Problemlösung analysieren. Durch diese Vorgehensweise können Sie auch auf positive und negative sprachliche Verstärker achten. Sie haben damit ein Werkzeug in der Hand, das Ihnen hilft, den Umgang mit Ihren Kunden am Telefon entscheidend zu verbessern.

11
Wie behandelt man unberechtigte Reklamationen richtig?

Die Behandlung von unberechtigten Reklamationen ist für die meisten meiner Seminarteilnehmer und Kunden eines der schwierigsten Probleme. Einerseits gilt es, die Interessen der Firma zu wahren, andererseits möchte man den Kunden nicht verlieren.

In einigen Firmen, die ich kenne, ist man mittlerweile dazu übergegangen, Reklamationen grundsätzlich als berechtigt hinzustellen, um Kunden nicht zu verlieren. Diese Vorgehensweise halte ich persönlich nicht für richtig. Wenn Sie einem Kunden – ob er nun berechtigt oder unberechtigt reklamiert – immer recht geben, kann das nicht der richtige Weg sein. Auf Dauer entsteht beim Kunden dadurch der Eindruck, daß bei Ihnen permanent Probleme auftreten.

Selbstverständlich können Sie Ihren Kunden mitteilen, wenn aus Ihrer Sicht die Reklamation unberechtigt ist. Es kommt alleine darauf an, wann und wie Sie es machen. Einem verärgerten, aufgeregten Kunden zu beweisen, daß er im Unrecht ist, bringt meistens überhaupt nichts. Gerade bei unberechtigten Reklamationen gilt der Satz: Recht haben, heißt noch lange nicht recht bekommen. Oder anders ausgedrückt: Einem Kunden zu beweisen, daß er im Unrecht ist, heißt noch lange nicht, daß er es akzeptiert.

11.1 Was zu unberechtigten Reklamationen führen kann

Sehen wir uns die Punkte an, die zu unberechtigten Reklamationen führen können, das sind z.B.:

- Falschbestellung durch den Kunden
- Falsche Handhabung der Ware durch den Kunden
- Mißverständnisse beim Kunden
- Mangelnder Informationsfluß beim Kunden
- Fehlverhalten von Mitarbeitern im Kundenunternehmen

Die Sicht des Kunden

Ein Kunde bestellt heute bei Ihnen eine bestimmte Ware per Telefax. Die Bestellung kommt auf Ihren Schreibtisch, Sie klären im Lager die Verfügbarkeit und schicken ebenfalls per Fax eine Auftragsbestätigung. Als Liefertermin geben Sie den nächsten Montag an.

Nächste Woche Dienstag ruft dieser Kunde bei Ihnen an und beschwert sich bitterlich, daß Sie ihm die falsche Ware geschickt haben. Sie schauen in Ihren Unterlagen nach, können aber keinen Fehler entdecken. Sie haben exakt das geliefert, was der Kunde bestellt hat.

Ist diese Reklamation nun berechtigt oder unberechtigt?

Aus Ihrer Sicht ist diese Reklamation sicherlich unberechtigt.

Der Fehler passierte beim Kunden: Um die Sichtweise des Kunden zu verstehen, müssen wir den Bestellvorgang

210

beim Kunden noch einmal genau betrachten. Dabei konzentrieren wir uns einmal auf die Punkte, die uns normalerweise verborgen bleiben.

Gehen wir dazu in das Büro des Kunden. Um die Ware bei Ihnen zu bestellen, hat er hat eine kurze schriftliche Notiz mit allen Angaben seiner Sekretärin mit der Bitte gegeben, das Bestellfax zu schreiben und an Sie zu versenden.

Was der Kunde und wir nicht wissen können: Der Sekretärin ist beim Schreiben des Bestellfaxes ein Fehler unterlaufen. Aus Versehen hat sie die Produktbezeichnung verwechselt. Nun hat aber nicht die Sekretärin, sondern der Kunde selbst das Fax unterschrieben. Spätestens da hätte ihm doch eigentlich der Fehler auffallen müssen, oder? Nicht unbedingt, denn Ihr Kunde gehört wahrscheinlich zu jenen Entscheidern bzw. Entscheidungsbefugten, die ihre Korrespondenz zwar unterschreiben, aber nicht immer genau lesen. Vor allem bei Routineangelegenheiten wird er davon ausgehen, daß der Brief mit den vorgegebenen Daten übereinstimmt. Aus Sicht des Kunden erscheint die Reklamation also zunächst einmal berechtigt.

Finden Sie dieses Beispiel etwas konstruiert? Wir analysieren für viele Unternehmen Reklamationsursachen, um diese schon im Vorfeld zu vermeiden. Genau dieser Fall kommt in der Praxis sehr häufig vor.

Ein weiteres Beispiel: Ein Kunde bestellt heute bei Ihrer Firma eine Ware und gibt als gewünschten Liefertermin die nächste Woche an. Der Mitarbeiter in Ihrem Unternehmen klärt die Verfügbarkeit der Ware und bekommt aus dem Lager die Mitteilung, daß die Lieferung frühestens in der übernächsten Woche an den Kunden geliefert werden kann. Der

Mitarbeiter schreibt also in seine Auftragsbestätigung die übernächste Woche als Liefertermin.

Ende der nächsten Woche ruft der Kunde an und beschwert sich über den Lieferverzug, obwohl in der Auftragsbestätigung die Lieferung erst für die übernächste Woche zugesagt worden war.

Ist diese Reklamation berechtigt oder unberechtigt? Rein rechtlich gesehen ist diese Reklamation wahrscheinlich unberechtigt, aus Sicht des Kunden ist diese Reklamation berechtigt.

Unaufmerksamkeit des Kunden: Gehen Sie davon aus, daß viele Kunden Auftragsbestätigungen nur halbherzig überprüfen. Ihr Kunde hat den neuen Liefertermin überhaupt nicht wahrgenommen.

Diese Reklamation hätte man im Vorfeld vermeiden können. Wann immer Sie eine Bestellung von einem Kunden bearbeiten und bestimmte Daten (z.B. Liefertermine) abändern, sollten Sie den Kunden darüber informieren. Am besten machen Sie das per Telefon – zusätzlich zur schriftlichen Auftragsbestätigung.

In welchem Bewußtsein reklamieren die meisten Kunden?

Es gibt natürlich auch unfaire Kunden, die Ihnen selbstverursachte Fehler unterschieben wollen. Diese Kunden sind aber zum Glück die Ausnahme. Etwa 85% aller Kunden sind fest davon überzeugt, berechtigt zu reklamieren. Dieser Punkt muß in Ihrem Bewußtsein fest sitzen, damit Sie die weitere Vorgehensweise verstehen und umsetzen können.

Auch wenn Sie schon mehrmals mit wirklich unfairen Kunden zu tun hatten, sollten Sie nicht bei jeder ähnlichen Reklamation sofort vermuten, der Kunde wolle Ihnen einen Fehler unterstellen. Versuchen Sie grundsätzlich, von einer berechtigten Sichtweise des Kunden auszugehen.

An dieser Stelle noch einmal der Hinweis, daß ich es richtig finde, einem Kunden zu sagen, wenn er im Unrecht ist. Auf das Wann und Wie komme ich gleich zu sprechen.

Das Gefährliche an unberechtigten Reklamationen ist, daß Sie einen Kunden verlieren können, obwohl Sie selbst alles richtig gemacht haben. Sehen wir uns dazu nochmals das Beispiel mit der Falschbestellung an:

Der Kunde geht davon aus, daß Sie falsch geliefert haben – Sie sind fest davon überzeugt, daß der Kunde falsch bestellt hat. Sie fühlen sich ungerecht behandelt. Der Kunde ist eventuell ein leicht reizbarer Typ. Das Gespräch wird langsam lauter, und irgendwann hängt der Kunde den Telefonhörer ein. Sie sind sauer auf den Kunden, und der Kunde ist sauer auf Sie.

Kurz nachdem der Kunde den Hörer aufgelegt hat, kommt seine Sekretärin aus dem Nebenzimmer, weil sie das laute Gespräch mit anhören mußte. Sie beichtet ihrem Chef, daß Sie keine Schuld an der falschen Lieferung haben, sondern ihr ein Fehler bei der Bestellung unterlaufen sei. Was meinen Sie, ruft der Kunde nun umgehend bei Ihnen an, um sich bei Ihnen zu entschuldigen?

Es gibt sicher ein paar Kunden, die das tun. Die Mehrzahl wird nicht anrufen, um sich zu entschuldigen. Das Schlimme daran: Manche Kunden sind von dem Vorfall so peinlich berührt, daß sie nie wieder bei Ihnen anrufen. Sie haben also

213

einen Kunden verloren, obwohl Sie an dieser Reklamation überhaupt keine Schuld trifft.

11.2 Die Zwei-Gespräche-Methode bei unberechtigten Reklamationen

Worum geht es dabei? Es handelt sich um eine professionelle Vorgehensweise, die ich Ihnen an einem Beispiel aus meiner Praxis erkläre:

Das Hauptbetätigungsfeld der Deutschen Vertriebsberatung ist die Durchführung von jährlich etwa 400 offenen Seminaren zu verschiedenen Themen im Bereich Vertrieb und Kundenbetreuung. Ein Thema ist die professionelle Behandlung von Reklamationen. Diese Seminare werden von uns per Mailing angeboten, d.h., wir schreiben an Firmen und bieten den Entscheidern diese Schulungen an. Wenn eine Firma Interesse an einem Seminar hat, meldet sie ihre Mitarbeiter per Post oder Fax an. Ein bis zwei Tage nachdem die Anmeldung bei uns eingetroffen ist, bekommt der Kunde eine Auftragsbestätigung, eine Einladung und eine Rechnung zugeschickt.

Jetzt kann es passieren, daß der Kunde diese Auftragsbestätigung nicht bekommt, aus welchen Gründen auch immer. Er ruft dann natürlich bei uns im Büro an, um zu reklamieren, wo seine Bestätigung bleibt. Normalerweise sind das sehr sachliche Reklamationen, aber es gibt auch hier Ausnahmen.

Das erste Gespräch zwischen mir
als Anbieter und einem Kunden

Ein Gespräch ist mir besonders gut in Erinnerung geblieben, weil der Kunde äußerst cholerisch reklamiert hat. Da ich ab und zu auch mal im Büro bin, gehe ich manchmal selbst ans Telefon, wenn es klingelt.

Ich freundlich: „Deutsche Vertriebsberatung, Dietze, guten Tag."
Kunde stark verärgert: „Dr. Schreiber hier, Tag auch, sagen Sie mal, habt ihr es nicht mehr nötig!"
Ich ruhig und interessiert: „Tag, Herr Dr. Schreiber, was ist denn genau passiert?"
Kunde immer noch sehr verärgert: „Ich habe vor drei Wochen einen Mitarbeiter zu Ihrem Seminar Reklamationsbehandlung in Stuttgart angemeldet und bis heute keine Auftragsbestätigung erhalten. Wenn ihr keine Lust habt oder zu viele Kunden, dann muß ich mir eben einen anderen Seminaranbieter suchen."

Die Begrüßungsphase und die Aggressionsabbauphase hatte ich gut bewältigt, der Kunde war fertig mit seinem ersten Ärger. Nur wußte ich zu diesem Zeitpunkt noch nicht, ob diese Reklamation berechtigt oder unberechtigt ist. Es kommt aufgrund der Vielzahl der Anmeldungen, die bei uns eingehen, vereinzelt vor, daß tatsächlich mal eine Anmeldung verlorengeht. Meistens jedoch ist diese Reklamation unberechtigt, weil die Auftragsbestätigung im Kundenunternehmen verlorengeht.

Könnte ich also sagen: „Jetzt beruhigen Sie sich mal, kann ja auch sein, daß die Bestätigung bei Ihnen in der Firma verlorenengegangen ist."

Nein, diese Antwort wäre sicher nicht so geschickt gewesen. Da sind wir sicher einer Meinung. Sie hätte meinen Kunden ganz gewiß endgültig zum Explodieren gebracht.

Wenn wir Reklamationsgespräche von Kundenmitarbeitern auswerten, treffen wir immer wieder auf ein Hauptproblem bei berechtigten und unberechtigten Reklamationen: Es wird zu früh versucht, die mögliche Reklamationsursache zu ergründen. Und der Kunde vermutet hinter diesem Verhalten eine bösartige Taktik, mit der man seine Reklamation nur abwimmeln will.

Selbst wenn ich bei einem Gespräch sofort genau weiß, daß die Reklamation unberechtigt ist, würde ich niemals versuchen, das einem Kunden beizubringen, der noch dazu so verärgert ist wie in diesem Beispiel. Doch in der Regel weiß man in dieser Phase des Gesprächs noch nicht, ob die Reklamation berechtigt oder unberechtigt ist. Aus diesem Grund verhalte ich mich in dieser Situation so, als könnte es eine berechtigte Reklamation sein, und verschiebe die Klärung der Schuldfrage auf ein zweites Gespräch. Daher lief das obige Gespräch folgendermaßen weiter:

Ich sage verständnisvoll zum Kunden: „Wenn Sie vor drei Wochen einen Mitarbeiter bei uns angemeldet haben und Sie haben noch keine Bestätigung erhalten, dann ist das sicher nicht in Ordnung. Ich kann gut verstehen, daß Sie sich darüber geärgert haben."

Kunde etwas beruhigt: „Und ob ich mich geärgert habe. Vielleicht können Sie sich vorstellen, wie mir der Kollege ständig in den Ohren liegt, wo seine Seminareinladung bleibt."

Ich weiter verständnisvoll: „Das kann ich mir gut vorstellen."

Kunde noch etwas mehr beruhigt: „Und was machen wir jetzt?"

Ich ruhig und interessiert: „Ich mache Ihnen einen Vorschlag, ich kläre für Sie, was da genau passiert ist, und melde mich bei Ihnen innerhalb der nächsten halben Stunde. Wo kann ich Sie gleich erreichen?"

Nachdem ich Firma und Telefonnummer notiert hatte, verabschiedete ich mich von dem Kunden. Damit war dieses Gespräch beendet. Ich hatte genau das erreicht, was ich mir vorgenommen hatte. Der Kunde beruhigte sich deutlich, ich bekam die Informationen, die ich brauchte, und ich hatte den Kunden dazu gebracht, den Rückruf zu akzeptieren. Jetzt konnte ich in Ruhe nachsehen, ob diese Reklamation berechtigt oder unberechtigt war, und mir eine Problemlösung überlegen.

Und genau das sollte auch Ihre zukünftige Zielsetzung sein. Es bringt überhaupt nichts, einem verärgerten Kunden zu beweisen, daß er im Unrecht ist. Welches Gefühl entsteht bei den meisten Kunden, wenn ich ihm sozusagen auf dem Gipfel seiner Aggression brutal klarmache, daß er im Unrecht ist? Es entsteht ein sogenanntes destruktives schlechtes Gewissen. Das bedeutet, er erkennt wohl, daß er mich gerade zu Unrecht niedergemacht hat, wird es aber nicht zugeben.

Er wird meistens weiter unsachlich diskutieren, weil er sein Gesicht nicht verlieren will.

Das zweite Gespräch zwischen mir
als Anbieter und einem Kunden

Kommen wir zurück zu unserem Reklamationsfall. Ich suchte mir also den Vorgang heraus und meine Vermutung bestätigte sich. Es war eine unberechtigte Reklamation, da die Firma bereits die Seminargebühr für den Teilnehmer überwiesen hatte. Das ist nur möglich, wenn von uns eine Bestätigung geschrieben worden ist, da hier gleichzeitig die Rechnung und somit auch die Rechnungsnummer an den Kunden geht. In diesem Fall ist die Bestätigung wahrscheinlich direkt in die Buchhaltung weitergeleitet worden und nicht an Herrn Dr. Schreiber.

Mit diesem Wissen konnte ich nun entspannt an den Rückruf gehen. Natürlich nicht, um Herrn Dr. Schreiber die Fakten um die Ohren zu hauen, sondern um ruhig und sachlich die Schuldfrage zu klären.

Ich rief also Herrn Dr. Schreiber an, brachte mich kurz in Erinnerung und das Gespräch begann:

Ich ruhig und sachlich: „Herr Dr. Schreiber, ich denke, ich konnte die Sache klären. Ich brauche aber mal Ihre Hilfe."

Kunde verunsichert: „Wieso brauchen Sie meine Hilfe?"

Ich ruhig und sachlich: „Die Sache ist die, Ihre Firma hat bereits die Seminargebühr für den Teilnehmer überwiesen, und das geht nur, wenn von uns eine Bestätigung an Sie geschickt würde, weil nur da die Rechnungsnummer aufgeführt ist. Ich nehme an, daß die Bestätigung direkt zur Buchhaltung weitergeleitet wurde und nicht an Sie."

Auch wenn der Kunde im ersten Gespräch ziemlich heftig reklamiert hat, bringt es niemanden weiter, wenn wir uns dafür im zweiten Gespräch revanchieren, indem wir dem Kunden die Fakten vor die Füße werfen. Ich versuche also, die Schuldfrage möglichst so zu klären, daß es dem Kunden zumindest etwas leichter fällt, seinen Fehler einzusehen.

Wissen Sie, was Dr. Schreiber auf den sachlich und ruhig vorgetragenen Sachverhalt geantwortet hat? Erst mal hat er überhaupt nichts gesagt, sondern ein paar Sekunden Pause gemacht. Dann:

Kunde peinlich berührt: „Oh Mann, das kann doch wohl nicht wahr sein, ich hab' Sie also vorhin völlig zu Unrecht in den Boden gerammt. Ist mir das peinlich. Herr Dietze, tut mir ehrlich leid, aber ich dachte wirklich, der Fehler liegt bei Ihnen."

Was entsteht bei den meisten Kunden, wenn Sie auf einer emotional tiefen oder sachlichen Ebene erkennen, daß sie ungerecht zu Ihnen waren? Es entsteht dann ein sogenanntes konstruktives schlechtes Gewissen. Das bedeutet, der Kunde ist dann viel eher bereit, eigene Fehler zuzugeben. Und das ist genau das, was wir erreichen wollen. Wir wollen nicht mit dem Kunden streiten, wir wollen sachlich die Schuldfrage und damit die etwaige Folgekostenfrage klären.

Wenn der Kunde im ersten Gespräch sehr heftig mit Ihnen umgegangen ist, dann können Sie sich natürlich ein wenig an

219

seinem schlechten Gewissen weiden, aber bitte übertreiben Sie es nicht.

Ich könnte noch ruhig und sachlich sagen: „Herr Dr. Schreiber, kein Thema, kann passieren. Ich faxe Ihnen noch schnell eine Kopie der Bestätigung für Ihren Kollegen zu, und damit haben wir die Sache geklärt, denke ich."

Was ist der Vorteil der Zwei-Gespräche-Methode?

Wir haben verschiedene Vorgehensweisen im Zusammenhang mit Reklamationen in der Praxis getestet. Der Hauptvorteil dieser Methode liegt darin, daß Sie sich in den ersten vier Phasen des Gesprächs gleich verhalten können, egal ob es eine berechtigte oder unberechtigte Reklamation ist.

11.3 Leitfaden für die Behandlung von unberechtigten Reklamationen

Beherzigen Sie den nachfolgend dargestellten Ablauf, und Sie werden sich mit der Behandlung unberechtigter Reklamationen viel leichter tun.

Freundlich begrüßen

Wenn Ihr Telefon klingelt, wissen Sie in den meisten Fällen nicht, ob Sie mit einer berechtigten oder unberechtigten Reklamation konfrontiert werden. Selbst wenn das Gespräch von einem Kollegen an Sie weitergegeben wird und der Kollege Sie bereits vorwarnt: „Vorsicht der Kunde reklamiert unberechtigt, aus diesem und jenem Grund!", hängt es nur von Ihnen selbst ab, ob Sie diesen Kunden freundlich oder distanziert begrüßen.

Begrüßen Sie ihn freundlich auch und gerade bei unberechtigten Reklamationen, dann wird das weitere Gespräch zumindest etwas einfacher.

Aktiv und interessiert zuhören

Lassen Sie den Kunden reden, unterbrechen Sie ihn nicht, machen Sie sich Notizen, und behandeln Sie mögliche verbale Angriffe wie in Kapitel 2.2.4 beschrieben. Und vermeiden Sie den Hauptfehler, den wir immer wieder beobachten: Selbst wenn Sie dem Kunden in dieser Phase klar nachweisen können, daß seine Reklamation zu 99% unberechtigt ist, konfrontieren Sie ihn nicht jetzt mit den Fakten, sondern erst im zweiten Gespräch.

Zeigen Sie Verständnis, ohne ihm sofort recht zu geben

Damit erreichen Sie, daß sich der Kunde etwas beruhigt und sich eher auf einen Rückruf einläßt.

Vereinbaren Sie einen Rückruf

Sagen Sie Ihrem Kunden, daß Sie sich um seinen Fall kümmern werden und ihn zurückrufen. Halten Sie die versprochene Zeitspanne in jedem Fall ein, auch wenn Sie noch nicht alle Informationen haben, die Sie brauchen.

Klären Sie im zweiten Gespräch die Fakten

Erklären Sie dem Kunden erst im zweiten Gespräch die Sachlage. Bringen Sie die Klärung der Schuldfrage möglichst sanft herüber. Vereinbaren Sie jetzt erst einen Termin vor Ort, falls dies notwendig ist.

Die Zwei-Gespräche-Methode erfordert natürlich einen gewissen zeitlichen Aufwand, und Zeit ist heute bei den meisten Menschen knapp. Wenn wir jedoch unsere Life-Gespräche analysieren, stellen wir immer wieder fest, daß häufig die zwei Gespräche hintereinander insgesamt kürzer sind, als wenn ich versuche, die Sachlage dem Kunden in einem einzigen Gespräch zu erklären.

Sie müssen selbstverständlich nun nicht in Zukunft zwangsläufig Reklamationen in zwei Gesprächen behandeln. Wenn ein netter Kunde bei Ihnen anruft, der nur leicht verunsichert ist, können Sie sicherlich auch schon in einem Gespräch die Fakten klären. Die Zwei-Gespräche-Methode gilt insbesondere für mittel bis stark verärgerte Kunden.

Falls die Reklamation den Besuch eines Servicemitarbeiters erforderlich macht, gilt diese Methode übrigens genauso. Der Kunde ruft bei Ihnen an und reklamiert. Sie führen das Telefongespräch wie oben beschrieben und vereinbaren erst beim zweiten Gespräch den Termin für den Mitarbeiter.

11.4 Wie verhält man sich, wenn man die unberechtigte Reklamation nicht eindeutig nachweisen kann

Es ist natürlich einfacher, die Schuldfrage zu klären, wenn Sie Beweise haben. Schwierig wird es, wenn Sie nicht klar nachweisen können, daß der Kunde z.b. selbst falsch bestellt hat.

Der Kunde ruft an und beschwert sich beim Mitarbeiter darüber, daß er anstelle von 10000 Blatt Kopierpapier 15000 Blatt bekommen hat.

Der Mitarbeiter hält sich an den Leitfaden für unberechtigte Reklamationen und vereinbart mit dem Kunden einen Rückruf, um die Sache in Ruhe zu klären. Er hält Rücksprache mit dem Kollegen, der den Auftrag telefonisch entgegengenommen hat, um herauszufinden ob diese Reklamation berechtigt oder unberechtigt ist. Der Kollege kann sich an den Vorgang noch erinnern und behauptet steif und fest, daß der Kunde bei ihm 15000 Blatt Kopierpapier bestellt hat und nicht nur 10000 Blatt, wie vom Kunden behauptet.

Gibt es eine Möglichkeit, diese Reklamation als unberechtigt darzustellen? Nach meiner persönlichen Meinung ist es nicht möglich! Auch wenn diese Antwort nicht ganz befriedigend klingt.

Der Kunde reklamiert aus unserer Sicht unberechtigt, und der Kollege fühlt sich ungerecht behandelt, weil er aus seiner Sicht keinen Fehler gemacht hat. Überlegen wir einmal, wie folgender Versuch beim Kunden ankommen würde:

Ungeschickte Aussage: „Dietze, Tag, Herr Müller, ich habe gerade mit meinem Kollegen aus der Bestellannahme gesprochen, er hat mir versichert, daß Sie bei Ihm 15000 Blatt bestellt hätten und nicht nur 10000. Sie müssen sich da irren."

Erfahrungsgemäß gibt es kaum einen Kunden, der diese Aussage so hinnehmen würde. Die meisten Kunden würden natürlich weiter auf ihrem Standpunkt beharren. Starten wir einen weiteren Versuch:

Mögliche, aber ebenfalls ungeschickte Aussage: „Dietze, Tag, Herr Müller, Sie hatten vollkommen recht, der Kollege in der Bestellannahme hat mal wieder einen Fehler gemacht. Sie können das zuviel gelieferte Papier auf unsere Kosten zurückschicken."

Wahrscheinlich würde durch diese Aussage kein weiterer Konflikt entstehen, der Kunde fühlt sich bestätigt, und damit ist die Sache für ihn erledigt. Dennoch ist diese Aussage auch nicht richtig, denn wir untergraben damit komplett die Kompetenz unseres Kollegen.

Versuchen wir einmal die beiden ersten Möglichkeiten zu verknüpfen:

Ich sage: „Dietze, Tag, Herr Müller, ich habe gerade mit meinem Kollegen Herrn Schneider aus der Bestellannahme gesprochen, er kann sich auch nicht genau erklären, wie es zu dieser Mehrmenge gekommen ist. Ich nehme an, es war einfach nur ein Übermittlungsproblem."

Kunde ruhig und sachlich: „Okay, und was mache ich jetzt mit dem zuviel gelieferten Papier?"
Ich ruhig und interessiert: „Herr Müller, soviel ich weiß, brauchen Sie ungefähr 10000 Blatt monatlich. Was halten Sie von der Idee, wenn Sie die Lieferung behalten, und ich komme Ihnen preislich noch etwas entgegen?"

Wenn der Kunde jetzt nach wie vor auf Rücknahme besteht, können wir uns immer noch darauf einlassen. Ein Versuch ist es zumindest wert, denn ob wir nun die Kosten des Rücktransports bezahlen oder dem Kunden noch einen kleinen Sonderrabatt einräumen, bleibt sich gleich, denke ich.

Also wann immer Sie nicht nachweisen können, daß der Fehler beim Kunden liegt, versuchen Sie nicht, es ihm dennoch zu unterstellen. Nehmen Sie andererseits auch nicht die volle Schuld auf sich, sondern begründen Sie es lieber mit einem Mißverständnis. Diese Vorgehensweise ist aus folgendem Grund in den meisten Fällen richtig:

Wie Sie wissen, reklamieren etwa 85% der Kunden sowieso in dem Bewußtsein, daß sie berechtigt reklamieren. Also liegen Sie in 85% der Fälle mit dieser Vorgehensweise automatisch richtig. Bei den 15% der Kunden, die wissen, daß sie selbst den Fehler bei der Bestellung gemacht haben, lassen Sie mit dieser Vorgehensweise offen, wo der Fehler genau entstanden ist, ohne eine direkte Schuldzuweisung vorzunehmen.

Sollte es bei bestimmten Kunden regelmäßig zu solchen Problemen kommen, können Sie nur versuchen, Ihre Argumentationsgrundlage zu verbessern. Ein Unternehmen, das wir betreuen, hatte dieses Problem öfter. Wir haben dann einfach bei bestimmten Kunden zusätzlich zum telefonischen

Auftrag eine schriftliche Bestätigung geschickt. Obwohl die meisten Kunden wie gesagt Auftragsbestätigungen nicht genau lesen, kann der Mitarbeiter dennoch besser argumentieren, wenn er etwas Schriftliches in der Hand hat.

Wenn im Zusammenhang mit unberechtigten Reklamationen höhere Kosten, z.B. für eine kostenlose Rücknahme, drohen, müssen meist Kulanzen verhandelt werden. Darüber erfahren Sie mehr im nächsten Kapitel.

Fassen wir zusammen

Zusammenfassend ist zum Thema unberechtigte Reklamationen folgendes zu sagen. Es geht nicht darum, einen Kunden zu belehren oder ihm zu beweisen, daß er im Unrecht ist. Gehen Sie von der Ansicht aus, daß die meisten Kunden Sie nicht betrügen wollen, sondern einfach glauben, im Recht zu sein. Wimmeln Sie unberechtigte Reklamationen nicht einfach ab, sondern erklären Sie dem Kunden in Ruhe den Sachverhalt. Die Zwei-Gespräche-Methode wird Ihnen sicher dabei helfen.

12
Rabatt- und Kulanzforderungen bei berechtigten und unberechtigten Reklamationen

Die Forderung von Kunden nach Rabatten und Kulanzen im Zusammenhang mit Reklamationen kann viele Ursachen haben. Zahlreiche Kunden haben gelernt, daß sich diese Vorgehensweise lohnt. Es ist in einigen Branchen sogar mittlerweile zum Sport geworden, mit Reklamationen Geld oder geldwerte Leistungen nachträglich einzufordern. Darüber haben wir u.a. bereits im Kapitel 3 gesprochen. Und es gibt natürlich auch hier berechtigte und unberechtigte Forderungen der Kunden.

12.1 Fragen, die Sie sich stellen sollten

Folgende Fragen sollten Sie sich stellen, wenn ein Kunde mit einer Rabattforderung an Sie herantritt:

- Ist diese Forderung berechtigt oder unberechtigt?
- Will ich diesen Kunden halten?
- Um welchen Preis will ich ihn halten?
- In welchem Verhältnis steht seine Forderung zu Umsatz und Ertrag, den er mit mir macht?

227

Es gibt gerade bei diesem Thema, je nach Branche, viele Unterschiede und Feinheiten. Ich werde Ihnen deshalb die aus meiner Sicht zweckmäßigste Vorgehensweise an einem Beispiel erläutern. Dieser Fall hat sich genau so in der Praxis zugetragen. Übertragen Sie die einzelnen Schritte auf Ihre Branche, unter Berücksichtigung ihrer Besonderheiten.

Die Fragen in die Praxis umgesetzt

Der Kunde eines Autohändlers hat einen Wagen bestellt. Er möchte bestimmte Ausstattungsmerkmale wie Ledersitze, elektrische Fensterheber und eine Metalliclackierung in Dunkelblau haben. Drei Monate später wird der Wagen pünktlich beim Händler angeliefert.

Der Verkäufer wundert sich, weil der Wagen nicht dunkelblau wie bestellt, sondern dunkelgrün lackiert ist. Er schaut in seinen Unterlagen nach und stellt fest, daß er bei der Bestellung einen Fehler gemacht hat. Der Verkäufer ruft richtigerweise beim Kunden an, um ihn über dieses Mißgeschick zu informieren. Der Kunde ist natürlich erst einmal sehr enttäuscht.

Kunde: „Och, das kann doch wohl nicht wahr sein, wir hatten doch extra in Dunkelblau bestellt!"
Mitarbeiter: „Herr Bamme, ich kann gut verstehen, daß Sie enttäuscht sind. Mir ist ein Fehler bei der Bestellung unterlaufen."
Kunde: „Und was machen wir jetzt? Ich brauche das neue Auto dringend!"

228

Mitarbeiter: „Am besten ist es, Herr Bamme, wenn Sie vorbeikommen und wir persönlich über die Sache reden. Wann könnten Sie kommen?"

Der Mitarbeiter hat bis hierher sehr gut reagiert. Er hat den Kunden im Vorfeld informiert, er hat Verständnis für den Kunden gezeigt und er bietet in diesem ersten Gespräch nicht sofort eine Problemlösung an. Er wartet damit bis zu dem persönlichen Termin, weil er weiß, daß die Wahrscheinlichkeit steigt, daß der Kunde seine Problemlösung akzeptiert, wenn er sich zuvor etwas beruhigt. Zwischen diesem Telefonat und dem persönlichen Termin im Autohaus hat der Kunde dazu Gelegenheit.

Da der Kunde den Wagen dringend braucht, spielt er vielleicht schon in Gedanken mit der Möglichkeit, die andere Farbe zu akzeptieren. Dennoch versucht er natürlich, diesen Umstand zu nutzen, um eine nachträgliche Preisminderung durchzusetzen.

Kunde: „Ich komme gegen 15.00 Uhr vorbei, machen Sie sich schon mal Gedanken, inwieweit Sie mir preislich entgegenkommen können!"

12.2 Hilfreiche Grundregeln

Ab hier sollten wir drei Grundregeln im Zusammenhang mit Rabatten und Kulanzen beachten. Schauen wir uns unter diesem Aspekt unseren Fall weiter an.

*Erste Grundregel: Machen Sie, wenn möglich,
keine Zusagen im ersten Gespräch!*

Sagen Sie nicht: „Wir werden uns schon einigen." oder
„Ein bißchen was ist noch drin."

Diese Formulierungen sind bereits klare Zusagen. Der Mitarbeiter wendet die erste Grundregel an:

Sagen Sie: „Herr Bamme, ich werde Ihnen da nichts versprechen, was ich vielleicht nachher nicht einhalten kann. Sie kommen gegen 15.00 Uhr vorbei?"

Der Kunde kommt pünktlich um 15.00 Uhr zum Verkäufer, und gemeinsam sieht man sich das neue Auto an. Alle anderen Ausstattungsmerkmale sind wie bestellt vorhanden, und der Wagen sieht natürlich auch in Dunkelgrün sehr schick aus. Der Kunde versucht natürlich, trotzdem noch etwas am Preis zu drehen.

Kunde: „Wenn ich den Wagen in Dunkelgrün nehmen soll, müssen Sie noch etwas am Preis tun!"

Bei der weiteren Betrachtung dieses Beispiels gehen wir davon aus, daß der Mitarbeiter diesen Kunden halten will, weil er sich ein Folgegeschäft verspricht.
Wichtig ist, daß der Verkäufer jetzt nicht irgendeinen Rabattvorschlag macht, sondern zum einen die Erwartungshaltung des Kunden senkt und zum anderen den Kunden dazu bringt, selbst einen Vorschlag zu machen.

230

Mitarbeiter: „Herr Bamme, da werde ich nicht viel machen können. Was hatten Sie sich denn vorgestellt?"

Der Mitarbeiter versucht, den Kunden mit einer offenen Frage zu einer Aussage zu bringen.

Kunde: „Tja, 3% müßten Sie mir noch entgegenkommen!"

Der Wagen kostet etwa 100000 DM, in diesem Preis ist bereits ein Rabatt von 7% berücksichtigt. Noch einmal 3% Nachlaß wären zusätzlich 3000 DM Rabatt. Gleichgültig, ob die 3% aus Sicht des Verkäufers viel oder wenig sind, wichtig ist, daß der Mitarbeiter jetzt richtig reagiert. Nehmen wir an, er ist mit den 3% einverstanden, dann sollte er auf keinen Fall freudestrahlend in die Hände klatschen und sofort zusagen. Der Kunde würde natürlich den Eindruck gewinnen, er habe schlecht verhandelt. Das kann im Ernstfall sogar zum Verlust des Kunden führen.

*Die zweite Grundregel: Verkaufen Sie Rabatte
so teuer wie möglich!*

Mitarbeiter: „Herr Bamme, 3% zusätzlich kann ich Ihnen nicht anbieten. Dann muß ich den Wagen behalten."

Es kann natürlich vorkommen, daß der Kunde jetzt noch einmal reklamiert, denn er war ja in diesem Fall nicht schuld an der falschen Ausführung. Dennoch war es in diesem Fall richtig, so zu reagieren. Wir wollen erreichen, daß der Kunde den Wagen in Dunkelgrün abnimmt, und wir wollen möglichst wenig zusätzlichen Rabatt gewähren.

Der Kunde weiß, daß eine Neubestellung drei Monate dauern würde, und der Mitarbeiter weiß, daß der Kunde dringend auf das Auto angewiesen ist. Der Mitarbeiter will dem Kunden entgegen kommen, aber nicht 3000 DM zusätzlich verschenken.

Die dritte Grundregel: Gewähren Sie Rabatte in Form von Ware oder Dienstleistung!

Der Mitarbeiter weiß, daß der Kunde ursprünglich den Wunsch hatte, den Wagen mit einer Klimaanlage auszurüsten. Die Kosten dafür lagen bei etwa 3000 DM. Aus diesem Grund hatte er sich damals dagegen entschieden.

Mitarbeiter: „Herr Bamme, ich mache Ihnen einen besseren Vorschlag. Ich lasse Ihnen nachträglich eine Klimaanlage einbauen, und die Kosten dafür übernehmen wir!"

Diese dritte Grundregel hat gleich mehrere Vorteile. Die nach außen veranschlagten Kosten von 3000 DM für den nachträglichen Einbau sind natürlich die Verkaufspreise. Im Einkauf kostet diese Maßnahme den Autohändler vielleicht nur 2000 DM. Er hat also anstatt 3000 DM cash hinzulegen nur 2000 DM aufzubringen. Des weiteren wird der Kunde viel mehr Freude an der Klimaanlage haben als an dem zusätzlichen Rabatt.

Fassen wir die drei Regeln zusammen

- Machen Sie, wenn möglich, keine Zusagen im ersten Gespräch!
- Verkaufen Sie Rabatte so teuer wie möglich!
- Gewähren Sie Rabatte in Form von Ware oder Dienstleistung!

Ich versuche, mich an folgende Kernaussagen zu halten:

- Sei kulant bei berechtigten Reklamationen!
- Sei konsequent bei unberechtigten Reklamationen!

Ich wäre allerdings ein schlechter Ratgeber, wenn ich Ihnen sagen würde, lehnen Sie unberechtigte Kulanzforderungen grundweg ab. Es gibt in fast allen Branchen Beispiele dafür, daß man auch bei unberechtigten Forderungen zum Teil kulant reagieren muß, um den Kunden zu halten. Auch hierbei können Sie sich an die drei Grundregeln halten. Bei unberechtigten Kulanzforderungen kommt noch eine vierte Regel hinzu.

Die vierte Grundregel: Verweisen Sie auf zukünftige Rabatte und Kulanzen

Damit ist folgendes gemeint. Der Kunde reklamiert unberechtigt, Sie behandeln seine Reklamation wie in Kapitel 11 beschrieben, er fordert dennoch einen nachträglichen Rabatt. Wir gehen davon aus, daß Sie den Kunden halten möchten. Dann sollten Sie die vierte Grundregel anwenden.

Begründen Sie die Ablehnung der Kulanz ruhig und plausibel. Danach bieten Sie dem Kunden an, daß er auf seine nächste Bestellung einen zusätzlichen Bonus von XY bekommt oder ein Teil kostenlos mehr bestellen kann oder was auch immer bei Ihnen üblich ist.

Der Vorteil dieser Vorgehensweise ist klar, denke ich. Sie müssen nicht sofort eine zusätzliche Leistung erbringen, sondern erst in der Zukunft. Und der Kunde kommt nur in den Genuß der Kulanz, wenn er Kunde bei Ihnen bleibt. Ein Beispiel für diese Grundregel sind alle Arten von Gutscheinen.

Hinweis für Führungskräfte

Einen sehr wichtigen Hinweis zu diesem Thema habe ich noch für alle Führungskräfte. Es kommt häufiger vor, daß sich ein Kunde nach dem Gespräch mit dem Mitarbeiter an die Geschäftsleitung wendet. Das passiert meistens, wenn der Kunde mit dem Kulanzvorschlag des Mitarbeiters nicht ganz einverstanden ist. Vermeiden Sie es in diesem Zusammenhang grundsätzlich, Kulanzentscheidungen ihrer Mitarbeiter abzuändern und dem Kunden mehr zuzusagen.

Sollten Sie im Einzelfall entscheiden, daß dieser Kunde besonders kulant zu behandeln ist, dann müssen Sie die veränderte Kulanzzusage durch den Mitarbeiter weitergeben lassen, der ursprünglich mit dem Kunden zu tun hatte. Wenn Sie dem Kunden mehr zusagen als der zuständige Sachbearbeiter, untergraben Sie damit die Kompetenz ihres Mitarbeiters. Das führt in vielen Fällen zu schweren Motivationsverlusten. Darüber hinaus wird dieser Kunde zukünftig nicht mehr mit dem Mitarbeiter verhandeln, sondern nur noch mit Ihnen.

Fassen wir zusammmen

Denken Sie bei den nächsten Rabattverhandlungen an diese vier Grundregeln. Ein häufiges Problem ist, daß diese nachträglichen Rabatte zu schnell gegeben werden. Die Kunden sind im Lauf der Zeit sozusagen verzogen worden. Ein bißchen meckern entspricht 3%, etwas lauter reklamieren entspricht 5% und mit Wechsel drohen entspricht 10% nachträglicher Rabatt.

Verstehen Sie mich bitte richtig, ich finde es in Ordnung, wenn Sie sich Ihren Kunden gegenüber entgegenkommend verhalten. Nur sollte das Ganze in einem vernünftigen Rahmen bleiben, sonst ist dem Kunden und vor allen Dingen Ihnen nicht damit gedient.

13
Wenn der Kunde sich über Kollegen und Mitarbeiter beschwert

Dieses Kapitel richtet sich insbesondere an die Führungskräfte unter den Lesern. Die Beschwerde eines Kunden über Kollegen und Mitarbeiter kann viele Ursachen haben. Es kann sein daß,

- ein wirkliches Fehlverhalten des Mitarbeiters vorliegt,
- der Kunde sehr schwierig ist und sich selbst nicht korrekt dem Mitarbeiter gegenüber verhalten hat,
- die Chemie zwischen Kunde und Mitarbeiter von Anfang an einfach nicht gestimmt hat.

Aus welchem Grund auch immer diese Beschwerde auftritt, sie ist sehr unangenehm, da es schwierig ist, so zu reagieren, daß sich nicht eine der beiden Seiten ungerecht behandelt fühlt.

Wenn Sie mit dieser Beschwerde konfrontiert werden, wissen Sie anfangs meist nicht genau, wer was falsch gemacht hat. Deshalb sollten Sie sich nicht dazu verleiten lassen, dem Kunden recht zu geben. Sie sollten es aber genauso vermeiden, diese Beschwerde sofort abzublocken und Ihren Mitarbeiter in Schutz zu nehmen. Das hört sich vielleicht etwas hart an, ist aber die richtige Vorgehensweise. Sie sehen es an folgendem Beispiel:

Ein Hotelgast, Frau Klein, ruft beim Hoteldirektor, Herrn Albrecht, an und beschwert sich über eine Mitarbeiterin an der Rezeption.

Hotelgast verärgert: „Herr Albrecht, ich wohne seit Jahren in Ihrem Hotel, wenn ich in Hamburg bin. Aber so wie ich bei meinem jetzigen Aufenthalt von einer Ihrer Mitarbeiterinnen an der Rezeption behandelt worden bin, werde ich mir wohl künftig ein anderes Hotel besorgen."

Herr Albrecht weiß noch nicht genau, worin das angebliche Fehlverhalten der Mitarbeiterin lag und fragt nach:

Hoteldirektor ruhig und sachlich: „Frau Klein, können Sie mir sagen, um welche Mitarbeiterin es geht und was da genau passiert ist?"

Hotelgast immer noch sehr aufgeregt: „Das war so eine große Frau mit dunkelroten Haaren. Den Namen weiß ich nicht. Mir hat die Art und Weise einfach nicht gepaßt, wie mich diese Frau behandelt hat. Erst tut sie so, als wenn ich Luft wäre und dann total arrogant von oben herab."

Herr Albrecht weiß aufgrund der Beschreibung von welcher Mitarbeiterin die Rede ist. Da er sein Personal sehr sorgfältig aussucht und regelmäßig im Umgang mit Kunden schulen läßt, kann er sich nicht vorstellen, daß die Kundin recht hat und reagiert falsch.

Hoteldirektor: „Frau Klein, ich weiß, wen Sie meinen. Frau Gottwald ist eine unserer besten Mitarbeiterinnen. Alle Kunden sind bisher gut mit Ihr ausgekommen!"

Diese Antwort würde sehr wahrscheinlich zur endgültigen Verärgerung der Kundin führen. Damit wird der Kundin unterstellt, daß sie diejenige ist, mit der man nicht auskommen kann. Blocken Sie also diese Beschwerde nicht einfach ab.

Falsch wäre auch die gegenteilige Vorgehensweise. Herr Albrecht will Frau Klein als Kundin nicht verlieren und gibt ihr uneingeschränkt recht.

Hoteldirektor: „Frau Klein, ich weiß, wen Sie meinen. Über Frau Gottwald kommen häufiger Beschwerden. Aber es ist ja heutzutage so schwer, vernünftiges Personal zu bekommen!"

Diese Antwort löst meist keinen Protest beim Kunden aus, weil er ja im Prinzip recht bekommt. Dennoch ist diese Antwort genauso falsch wie die erste. Wenn Sie einen Mitarbeiter oder Kollegen bei einem Kunden sozusagen in die Pfanne hauen, wirft das immer auch ein schlechtes Licht auf Sie.

Was wollen wir erreichen? Wir wollen, daß der Kunde sich beruhigt, ohne einer von beiden Seiten recht zu geben. Um diesen Fall endgültig zu klären, müssen wir zunächst einmal mit dem Mitarbeiter sprechen. Wir sollten deshalb den Kunden dazu bringen, sich auf einem Rückruf einzulassen. Die richtige Reaktion sieht folgendermaßen aus.

Hoteldirektor leicht verwundert und verständnisvoll: „Frau Klein, ich weiß, wen Sie meinen. Frau Gottwald ist an sich eine freundliche Mitarbeiterin. Es tut mir wirklich leid, daß es da Schwierigkeiten gegeben hat!"

Diese Vorgehensweise ist gut. Zum einen hat Herr Albrecht die Reklamation etwas heruntergespielt, und zum anderen hat er unverbindliches Verständnis gezeigt. Mit der Formulierung: „Tut mir leid, daß es da Schwierigkeiten gegeben hat." läßt er völlig offen, ob sich die Mitarbeiterin oder die Kundin überzogen verhalten hat. Um etwaige Diskussionen zu vermeiden, bietet er sofort eine Problemlösung an:

Hoteldirektor: „Soll ich mal mit Frau Gottwald sprechen?"

Gehen Sie davon aus, daß viele Kunden bei dieser Art von Beschwerden nur ein wenig Frust bei Ihnen abladen wollen, ansonsten aber die Angelegenheit auf sich beruhen lassen.

Hotelgast beschwichtigend: „Ich denke, das wird gar nicht notwendig sein. Ich wollte es Ihnen nur erzählt haben."

Wenn der Kunde allerdings auf einer Klärung besteht, ist der Vorfall etwas schwerwiegender. Dann sollten Sie in jedem Fall mit dem betreffenden Mitarbeiter reden, um diese Angelegenheit im beiderseitigen Interesse zu klären.

Frau Klein das Ich betonend: „Ich halte es für sehr angebracht, daß Sie mit Frau Gottwald reden!"

Herr Albrecht sagt eine Klärung und einen Rückruf zu. Er beendet das Gespräch:

Hoteldirektor freundlich: „Frau Klein, ich werde mit Frau Gottwald reden und mich morgen noch mal bei Ihnen melden."

240

Das Gespräch mit dem entsprechenden Mitarbeiter sollte nicht direkt mit einem Vorwurf Ihrerseits beginnen, sondern in einer entspannten und ruhigen Atmosphäre. Erzählen Sie dem Mitarbeiter von dem Vorfall, und fragen Sie ihn einfach, wie er diese Angelegenheit einschätzt. Entweder liegt tatsächlich ein Fehlverhalten des Mitarbeiters vor, oder der Kunde hat sich aus der Sicht des Mitarbeiters unfair verhalten.

Falls der Mitarbeiter einen schlechten Tag hatte und sich nicht richtig verhalten hat, sollten Sie überlegen, ob es möglich ist, daß der Mitarbeiter kurz beim Kunden anruft und sich entschuldigt. Das ist vor allen Dingen dann äußerst wichtig, wenn dieser Mitarbeiter künftig weiterhin für diesen Kunden zuständig ist. Sie müssen diesen Konflikt klar ausräumen, sonst ist das nächste Problem zwischen den beiden vorprogrammiert. Das kann bis zum endgültigen Verlust des Kunden führen.

Ist aufgrund einiger solcher Probleme das Verhältnis zwischen Mitarbeiter und Kunden bereits stark gestört, sollten Sie überlegen, ob es nicht besser wäre, diesen Kunde künftig von einem anderen Mitarbeiter betreuen zu lassen.

Etwas anders liegt der Fall bei einem eindeutigen Fehlverhalten des Kunden, das eventuell sogar in der Vergangenheit bereits öfter vorgekommen ist. Dann sollten Sie und nicht der Mitarbeiter mit dem Kunden sprechen. Auch hier sollten Sie überlegen, ob eine weitere Betreuung durch den betreffenden Kollegen sinnvoll ist.

Falls sich die weitere Betreuung des Kunden durch den betreffenden Mitarbeiter nicht umgehen läßt und das Fehlverhalten eher beim Kunden lag, machen Sie zunächst dem Mitarbeiter klar, daß Sie auf seiner Seite stehen. Erklären Sie ihm gleichzeitig, wie wichtig dieser Kunde für das Unternehmen ist, und daß es manchmal unumgänglich ist, ein Auge zuzudrücken.

Diese Vorgehensweise ist deshalb so wichtig, weil sich kundenorientiertes Verhalten nicht befehlen läßt oder anders ausgedrückt:

So wie Sie mit Ihren Mitarbeitern umgehen, so gehen Ihre Mitarbeiter auch mit Ihren Kunden um!

Es ist sicherlich entschuldbar, wenn ein Mitarbeiter mal einen schlechten Tag hat. Wenn es allerdings regelmäßig zu Beschwerden über einen bestimmten Mitarbeiter kommt, müssen Sie irgendwann eine endgültige Entscheidung treffen. Sie riskieren sonst unkontrollierbare Kundenverluste.

Ein Kunde erzählte mir einmal von einem Techniker, der für ihn arbeitete. Dieser Mann war rein fachlich ein absoluter Profi, er war fleißig, zuverlässig, nahm jede technische Weiterbildungsgelegenheit wahr, und dennoch mußte er ihn aus dem direkten Kundenverkehr herausnehmen. Jedes Gespräch zwischen diesem Techniker und dem reklamierenden Kunden endete nämlich mit Streit. Der Techniker schaffte es einfach nicht, sein fachliches Können mit kundenorientiertem Verhalten zu verknüpfen.

Fundiertes Fachwissen ist ungeheuer wichtig, in fast jeder Branche. Allerdings macht Fachwissen allein niemals einen guten Kundendienstmitarbeiter aus. Fast genauso wichtig sind die kommunikativen Fähigkeiten Ihrer Mitarbeiter. Deshalb sollten Sie darauf achten, Ihre Mitarbeiter nicht nur technisch weiterzubilden, sondern auch im Umgang mit den Kunden. Die Art und Weise, wie Ihre Mitarbeiter mit Ihren Kunden umgehen, kann ein bedeutender Punktvorteil sein, um sich wirkungsvoll von Ihren Wettbewerbern abzuheben.

14
Der „gefährliche" Kundentyp
bei Reklamationen

Sie haben in den vorhergehenden Kapiteln gelernt, wie man
mit verärgerten und aggressiven Kunden umgeht. Diese
Kundengruppe gehört sicherlich zu den schwierigsten in bezug auf Reklamationen. Aus diesem Grund gehe ich meinen
in Seminaren und in diesem Buch so genau auf diese Kunden
ein.

Bei unseren Betrachtungen haben wir jedoch eine Kundengruppe bisher noch nicht behandelt. Es sind die schüchternen oder zurückhaltenden Kunden. Sie werden jetzt vielleicht denken: „Wo liegt das Problem? Ich habe keine
Schwierigkeiten mit diesen Kunden, und außerdem ist dieser
Kundentyp bei uns recht selten." Und genau da liegt das
Problem. Die Gruppe der schüchternen und zurückhaltenden
Kunden stellt in den meisten Unternehmen den größten An-
teil dar.

Warum sind schüchterne und zurückhaltende Kunden
so gefährlich?

Das gefährliche an diesen Kunden ist eben ihr zurückhalten-
des Verhalten. Sie selbst waren vielleicht auch schon mal ein
schüchterner Kunde. Erinnern Sie sich einmal an einen der
letzten Restaurantbesuche gemeinsam mit Ihrem Partner. Das
Essen war mittelmäßig, die Bedienung war nicht unfreund-

lich, aber auch nicht sonderlich interessiert. Sie waren schon fertig mit dem Essen, Ihr Partner noch nicht, trotzdem hat man Ihren Teller bereits abgeräumt, mit anderen Worten: ein rundum durchschnittliches Restauranterlebnis. Als der Ober schließlich nach der zweiten Aufforderung die Rechnung bringt, fragt er eher nebenbei: „Hat es geschmeckt?".

Kunden, die sich nicht beschweren,
sondern einfach gehen – und wegbleiben

Was denken Sie, wie antworten die meisten Menschen auf diese Frage? Ziemlich genau 96% aller Restaurantbesucher antworten mit: „Ja, war okay!" oder so ähnlich. Aber: Dieses Restaurant besuchen sie so schnell nicht wieder oder nie wieder. Die meisten Kunden haben einfach keine Lust sich womöglich noch auf Diskussionen einzulassen. Sie reklamieren nicht und gehen still und heimlich verloren. Neueste Untersuchungen belegen, daß heute im Durchschnitt maximal 4% aller Kunden kleine Unzulänglichkeiten reklamieren. Den anderen 96% ist das Problem ebenfalls aufgefallen, sie reklamieren jedoch nicht oder nicht sofort. Sie warten bis das Faß sozusagen überläuft und bleiben dann einfach weg.

Wenn 100 Kunden von Ihnen dringend auf eine bestimmte Ware warten, die nicht kommt, dann werden in diesem Fall sicher alle 100 Kunden in einem Zeitraum X bei Ihnen anrufen und reklamieren. Bei kleinen Unzulänglichkeiten – wie eine etwas verspätete Lieferung eines nicht so wichtigen Teils, ein verspätetes Angebot, eine etwas brummelige Begrüßung o.ä. – reklamieren die meisten Kunden heute nicht mehr.

Ihre Kunden beschweren sich nicht immer über einen aus ihrer Sicht schlechten Service, aber sie vergessen ihn auch nicht!

Verhalten, mit dem man nicht nur
schüchterne Kunden vergrault

Ich war vor einiger Zeit in einem Restaurant essen, in dem ich eigentlich bisher gute Erfahrungen gemacht hatte. An diesem Abend jedoch war das Essen nicht so gut, wie ich es normalerweise dort gewöhnt war. Ich nahm mir fest vor, dies dem Ober zu sagen, denn ich wollte dieses Restaurant auch weiterhin besuchen. Als der Ober mit der Rechnung an meinen Tisch kam, sagte ich ihm, daß ich von den Lammkoteletts diesmal etwas enttäuscht gewesen sei.

Der Ober nahm das mit Bedauern zur Kenntnis, und ich fühlte mich an sich gut behandelt. Der Ober verschwand in der Küche, und insgeheim dachte ich, vielleicht bekomme ich ja als Ausgleich einen Nachtisch oder einen Espresso. Falsch gedacht, es kam ganz anders.

Kaum 30 Sekunden später flog die Küchentür auf, ein Koch – so ungefähr das, was man schlechthin als Riesen bezeichnet – kam mit hochrotem Kopf auf mich zu, in der Hand eine Platte mit rohen Lammkoteletts. Das Restaurant war an diesem Abend gut besucht, entsprechend laut war die Geräuschkulisse – bis zu dem Augenblick, als der Koch mich anschrie: „Junge, das sind die besten Lammkoteletts, die du in Düsseldorf bekommst!". In diesem Moment waren die anderen, schätzungsweise 100 Gäste, wie auf Kommando ruhig und schauten mich an.

Ich bin normalerweise nicht gerade auf den Mund gefallen, aber die Situation war mir doch ziemlich unangenehm. Da der Koch so aussah, als würde er gleich einen Herzinfarkt bekommen, verzichtete ich auf eine weitere Diskussion mit ihm und sagte: „Ist schon okay, ich möchte jetzt bezahlen, geben Sie bitte dem Ober Bescheid!" Ich war in diesem Restaurant bestimmt an die dreißig Mal essen und somit ein ganz guter Stammgast. Bis zu diesem Abend. So zu reagieren ist einfach unprofessionell.

Gehen Sie davon aus, daß es auch in Ihrem Unternehmen eine Menge Kunden gibt, denen Probleme zwar auffallen, die aber nicht sofort reklamieren.

Zurückhaltende Kunden neigen zur negativen Propaganda

Ein weiteres Problem stellt die sogenannte negative Propaganda dar. Unzufriedene Kunden geben ihre schlechten Erfahrungen durchschnittlich an zehn andere potentielle Kunden weiter. Und zurückhaltende Kunden neigen eher zu negativer Propaganda. Einem ehrlich verärgerten Kunden, der bei Ihnen das Gefühl hat, daß Sie ihm mit Interesse und Verständnis gegenüberstehen, wird es viel schwerer fallen, schlecht über Sie oder Ihr Unternehmen zu reden. Ein Kunde, der sich nicht „traut", bei Ihnen zu reklamieren, wird dort von seinen schlechten Erfahrungen erzählen, wo er sich traut, nämlich bei Freunden und Bekannten.

Wir haben in Kapitel 2.2.4 darüber gesprochen, wie man es schaffen kann, verbale Angriffe und unfreundliches Verhalten nicht so sehr an sich herankommen zu lassen. Es gibt eine zusätzliche Möglichkeit. Vielen meiner Kunden hilft

246

folgende Denkweise am besten, wenn es um den Umgang mit aggressiven Kunden geht:

Es ist immer besser, daß der Kunde anruft oder vorbeikommt und reklamiert, als wenn er sich nicht meldet und stillschweigend als Kunde verloren geht!

Mit diesem Wissen können Sie zwar den Verlust eines „gefährlichen" Kunden, weil nicht reklamierend, nicht verhindern. Es fällt Ihnen aber bestimmt zukünftig etwas leichter, mit aufgebrachten Kunden umzugehen.

15
Gut zu wissen: Was tun, wenn Kunden nicht bezahlen?

Da es immer häufiger vorkommt, daß Kunden Zahlungen aufschieben oder ganz einstellen, möchte ich Ihnen ein paar Tips für das richtige Mahnverhalten geben.

Grundsätzlich, denke ich, haben wir alle kein Geld zu verschenken. Es ist daher absolut korrekt, Kunden anzumahnen, wenn einwandfreie Leistungen erbracht worden sind und die vereinbarten Zahlungen ausbleiben. Dennoch handelt es sich hier um ein äußerst sensibles Thema, da wir es jetzt selbst sind, die bei unseren Kunden etwas reklamieren. Falsches oder ungeschicktes Mahnen kann im Ernstfall zum Kundenverlust führen. Es kommt daher ganz besonders auf die Art und Weise an, wie wir unsere Kunden anmahnen.

Ein befreundeter Unternehmer aus der EDV-Zubehörbranche rief mich vor einiger Zeit an und bat mich um ein dringendes Beratungsgespräch. Seit mehreren Wochen hatte er beobachtet, daß die Bestellungen von bestehenden Kunden dramatisch zurückgingen.

Wir haben auf diese Tatsache hin alle möglichen Ursachen untersucht. An der Qualität der Produkte ließ sich nichts beanstanden, die Liefertermine wurden zum größten Teil eingehalten, die Preisgestaltung war auch in Ordnung. Es gab also offensichtlich keinen Grund für diesen Umsatzrückgang.

15.1 Beispiele für eine ungeschickte bzw. schädliche Mahnung

Der Unternehmer erwähnte auch, daß er keinerlei Außen-stände habe und seine Kunden äußerst pünktlich bezahlen.

Das war das Stichwort, denn keine Außenstände in dieser Branche ist absolut ungewöhnlich. Ich schaute mir daher die Mahnschreiben der Firma genauer an und fand sehr schnell die Ursache dafür, warum die Kunden zwar sehr schnell be-zahlen, aber danach nichts mehr bestellen.

Die erste Mahnung des Unternehmens

Der Text dieser Mahnung lautete folgendermaßen:

1. Mahnung
Unsere Rechnung vom ...

Sehr geehrte Damen und Herren,

offenbar ist Ihnen entgangen, daß unsere
o.g. Rechnung noch nicht bezahlt ist. Wir konnten
bis heute keinen Zahlungseingang feststellen.

Wir fordern Sie hiermit auf, diese Rechnung
umgehend zu begleichen, da wir ansonsten
weitere Schritte einleiten müssen.

Hochachtungsvoll

XYZ GmbH

Es ist absolut richtig, regelmäßig und pünktlich zu mahnen, wenn Sie eine Leistung vereinbarungsgemäß erbracht haben und die Zahlung ausbleibt. Achten Sie aber darauf, daß es auf eine vernünftige Art und Weise geschieht!

Die zweite Mahnung des Unternehmens

Der Text sah so aus:

2. Mahnung
Unsere Rechnung vom …

Sehr geehrte Damen und Herren,

offenbar wollen oder können Sie unsere o.g.
Rechnung nicht bezahlen. Wir setzen Ihnen hiermit
eine letzte Frist bis zum …

Sollte bis dahin die Rechnung nicht beglichen sein,
werden wir ohne weitere Ankündigung diese
Angelegenheit an unseren Rechtsanwalt weiterleiten.
Darüber hinaus werden wir eine Mitteilung über
Ihre Zahlungsmoral an die Creditreform weiterleiten.

Hochachtungsvoll

XYZ GmbH

Es ist vollkommen klar, daß die Kunden nach so einer Mahnung zwar schnell bezahlen, aber auch meistens nichts mehr bestellen. Die Drohung mit dem Anwalt ist aus meiner Sicht in der zweiten Mahnung zu früh. Die Drohung mit der Weitergabe von Informationen an die Creditreform halte ich für sehr bedenkenswert.

15.2 Beispiele für gutes Mahnverhalten

Die erste schriftliche Mahnung könnte beispielsweise besser so formuliert werden:

Erste Mahnung

Buchhaltung/Kontoauszug
Unsere Rechnung vom ...

Sehr geehrte Damen und Herren,

nach Durchsicht unserer Unterlagen stellten wir fest, daß die o.g. Rechnung noch nicht bezahlt ist.

Bitte begleichen Sie diese Rechnung.

Für Rückfragen stehen wir gerne zur Verfügung.

Mit freundlichen Grüßen

XYZ GmbH

Diese Mahnung enthält rein juristisch gesehen genau den gleichen Inhalt wie die in dem negativen Beispiel, aber eben sanfter formuliert.

Die nächste Mahnstufe könnte so aussehen:

Zweite Mahnung

Unsere Rechnung vom ...

Sehr geehrte Damen und Herren,

nach Durchsicht unserer Unterlagen stellten wir fest, daß die o.g. Rechnung noch immer nicht bezahlt ist.

Bitte begleichen Sie diese Rechnung umgehend.

Für Rückfragen stehen wir gerne zur Verfügung.

Mit besten Grüßen

XYZ GmbH

Dritte Mahnstufe

In der dritten Mahnung steht dann meistens die Anwaltsdrohung. Da sich das schwerlich sanft formulieren läßt, sollten Sie – vorausgesetzt, das dies in Ihrem Unternehmen möglich ist – den Kunden anrufen, bevor die dritte Mahnung an ihn rausgeht.

Der Anruf beim Kunden bewirkt in vielen Fällen eine direkte Klärung und eine schnelle Begleichung der offenen Rechnung, wenn der Kunde zahlungsfähig ist. Dieser Anruf ist erfahrungsgemäß vielen Kunden etwas peinlich, daher

253

wird auf so ein Telefonat meistens schneller reagiert. Papier ist eben geduldig.

Diese Gespräch sollte nicht unbedingt der Sachbearbeiter, der für diesen Kunden zuständig ist, führen. Ein geschulter Mitarbeiter aus der Buchhaltung kann dieses Telefonat häufig unbefangener führen.

Es kommt auch vor, daß der Kunde in diesem Telefonat so tut, als wären alle bisherigen Rechnungen und Mahnungen verlorengegangen. Auch wenn Sie dahinter eine Ausrede vermuten, stehen Sie darüber, schicken Sie ihm einfach alle erforderlichen Unterlagen noch einmal in Kopie.

Fassen wir zusammen

Nehmen Sie Zahlungsverzug nicht persönlich, es kommt heute vermehrt vor, daß ein Kunde einfach momentan nicht bezahlen kann. Sie sollten von Fall zu Fall selbst entscheiden, ob und inwieweit Sie dem Kunden entgegenkommen können, z. B. durch verlängerte Zahlungsziele, Ratenzahlung oder ähnliches. Gehen Sie davon aus, daß Zahlungsschwierigkeiten den meisten Kunden zumindest sehr unangenehm sind. Daher ist ein sensibler Umgang mit dieser Thematik so ungemein wichtig.

Wenn ein Kunde trotz erbrachter, einwandfreier Leistung, trotz Absprachen und fester Zusagen nicht bezahlt, weil er nicht bezahlen will, dann müssen Sie natürlich Ihre Ansprüche irgendwann gerichtlich einfordern.

Mein Rat: Überprüfen Sie Ihre Mahntexte, und formulieren Sie diese ggf. um, damit Sie sich unnötige Kundenverluste ersparen.

16
Protokoll einer professionell behandelten Reklamation

Der nachfolgende Reklamationsfall beruht auf einer wahren Begebenheit. Ich habe aus sicher verständlichen Gründen die Namen der beteiligten Personen geändert. Anhand dieses Falles fasse ich noch einmal alle wichtigen Punkte, die wir in diesem Buch besprochen haben, zusammen. Vergleichen Sie die beschriebene Vorgehensweise mit Ihren eigenen Reklamationsfällen.

Die Mitspieler in dieser Geschichte

- Der Kunde, Herr Dr. Franke. Er ist Geschäftsführer eines mittelständischen Unternehmens. Vom Naturell her ist er leicht reizbar.
- Der Reklamationssachbearbeiter, Herr Wegner. Er arbeitet im Büroeinrichtungshaus ABC. Dort ist er zuständig für den Vertrieb und für die Bearbeitung von Reklamationen.
- Der Zulieferer, Herr Lehmann. Er ist bei dem Hersteller beschäftigt, der die Büromöbel produziert, die Herr Wegner verkauft. Sein Aufgabengebiet umfaßt u.a. die Bearbeitung von Reklamationen, die von Herrn Wegner an ihn herangetragen werden.

Der Reklamationsgrund

Herr Dr. Franke hat bei Herrn Wegner vor einem Monat eine hochwertige Schreibtischkombination aus Zedernholz für sein neues Büro bestellt. Sie wurde heute morgen durch die Firma von Herrn Lehmann angeliefert und aufgebaut. Bei der Montage fiel Herrn Dr. Franke auf, daß die Tischplatte nicht wie bestellt aus Zedernholz, sondern aus einem anderen Material besteht. Sein alter Schreibtisch ist bereits gestern abtransportiert worden, so daß er nun ohne Büroeinrichtung dasteht. Sehr verärgert ruft er bei Herrn Wegner an.

Die Reklamtionsbehandlung – erstes Telefonat zwischen Herrn Wegner und Herrn Dr. Franke

Das Telefon von Herrn Wegner läutet, nach dem zweiten Klingeln hebt er den Hörer ab.

Herr Wegner freundlich mit einem natürlichen Lächeln: „ABC - Wegner, guten Tag!"
Herr Dr. Franke sehr verärgert: „Franke hier, ob dieser Tag so gut ist, wird sich noch herausstellen!"

Herr Wegner erkennt sofort am Tonfall und an der Formulierung, daß etwas nicht in Ordnung ist. Er reagiert ruhig (kein Lächeln mehr) und interessiert.

Herr Wegner ruhig und interessiert: „Guten Tag, Herr Dr. Franke. Was ist passiert?"

Herr Dr. Franke immer noch sehr verärgert: „Gerade eben ist der Schreibtisch gekommen, den ich bei Ihnen bestellt habe. Verkaufen Sie eigentlich nur Ausschuß?"

Herrn Wegner ist jetzt klar, daß es Probleme mit dem Schreibtisch gibt, er weiß nur noch nicht, was genau passiert ist. Er überhört den verbalen Angriff „Verkauft ihr nur Ausschuß!" und fragt weiter nach.

Herr Wegner ruhig und interessiert: „Was ist mit dem Schreibtisch nicht in Ordnung, Herr Dr. Franke?"
Herr Dr. Franke noch immer sehr verärgert: „Ihr Schreibtisch ist heute morgen geliefert worden. Beim Aufbau ist mir aufgefallen, daß die Tischplatte aus einem anderen Holz besteht als der Unterbau. Das sieht unmöglich aus!"
Herr Wegner ruhig und verständnisvoll: „Herr Dr. Franke, daß tut mir wirklich leid!"

Bei einem stark verärgerten Kunden reicht einmaliges Verständnis oft nicht aus, um ihn zu beruhigen.

Herr Dr. Franke immer noch verärgert: „Tut mir leid, tut mir leid, Sie können sich Ihr Verständnis sparen. Was haben Sie mir nicht alles versprochen. Erstklassige Qualität und was weiß ich noch. Ich soll einen Haufen Geld bezahlen, und Sie liefern mir so einen Ausschuß. Ich sage Ihnen, was ich machen werde. Ich werde mir auf Ihre Kosten einen vergleichbaren Schreibtisch bei einem anderen Büroeinrichter ausleihen! Und daß ich den vollen Kaufpreis für Ihren Plunder bezahle, können Sie auch vergessen!"

In der Phase des ersten Frustes kommen die meisten Drohungen. Auch wenn der Kunde – rein juristisch gesehen – hier vielleicht überzogen reagiert, bringt es überhaupt nichts, sich jetzt auf eine Diskussion einzulassen, ob er das Recht dazu hat oder nicht. Man muß nicht unbedingt auf diese Drohungen direkt antworten. Oft reicht es, wenn noch einmal ehrliches Verständnis gezeigt wird.

Es kommt häufiger vor, daß gerade stark verärgerte Kunden ihre Aggressionen in Etappen loslassen. Immer wenn der Kunde fertig ist, sollte man ehrliches Verständnis aufbringen, um den Kunden zu beruhigen. Mit dieser Vorgehensweise nehmen Sie dem Kunden den Wind aus den Segeln.

Herr Wegner weiter ruhig und verständnisvoll: „Ich kann sehr gut verstehen, daß Sie sich geärgert haben. An Ihrer Stelle wäre ich wahrscheinlich genauso wütend wie Sie."

Da Herr Dr. Franke ein leicht reizbarer Kunde ist, schimpft er noch ein wenig weiter.

Dr. Franke ein bißchen ruhiger, aber dennoch ärgerlich: „Können Sie sich vorstellen, was ich durch diese Falschlieferung für Probleme habe. Mein alter Schreibtisch ist bereits gestern abgeholt worden, und jetzt stehe ich ohne Schreibtisch da."
Herr Wegner weiter ruhig und verständnisvoll: „Das kann ich mir gut vorstellen, so etwas darf an sich nicht passieren."

Durch dieses richtige Verhalten beruhigen sich die meisten Kunden, bei dem einen geht es schneller, bei dem anderen dauert es etwas länger. Ein häufiger Fehler bei der Konfliktbereinigung: Es wird nur einmal Verständnis gezeigt und nicht – wie in diesem Fall erforderlich – zwei- bis dreimal.

Herr Dr. Franke hat sich etwas beruhigt: „Ich will jetzt sofort von Ihnen wissen, wann die richtige Schreibtischplatte kommt!"

Herr Wegner kann natürlich nicht sofort Auskunft geben, weil er erst mit dem Zulieferer sprechen muß. Sein Ziel ist es, den Kunden aus der Telefonleitung zu bekommen, damit er in Ruhe nach einer Lösung suchen kann. Er sagt nicht, was er nicht tun kann, sondern drückt es positiver aus.

Herr Wegner ruhig und interessiert: „Herr Dr. Franke, ich sage Ihnen, was ich jetzt unternehme. Ich werde mich umgehend mit dem Hersteller in Verbindung setzen, um zu klären, wann Sie mit der richtigen Tischplatte rechnen können. Wo kann ich Sie innerhalb der nächsten 20 Minuten erreichen?"
Herr Dr. Franke noch etwas ruhiger: „Ich bin bis 14.00 Uhr im Büro, kann ich mich auf Ihren Rückruf verlassen?"
Herr Wegner: „Sie können sich darauf verlassen, ich melde mich innerhalb der nächsten 20 Minuten bei Ihnen."

Damit hat Herr Wegner die erste Hürde geschafft. Der Kunde hat sich etwas beruhigt. Und Herr Dr. Franke hat sich auf einen Rückruf eingelassen, so daß Herr Wegner in Ruhe nach einer Lösung suchen kann.
Herr Wegner versucht als nächstes Herrn Lehmann vom Herstellerwerk zu erreichen, um zu klären, wie es zu der Falschlieferung kam und wann der Kunde mit der richtigen Schreibtischplatte rechnen kann. Er ruft bei der Firma ABC

an und erfährt, daß Herr Lehmann erst in einer Stunde wieder erreichbar ist. Da Herr Wegner aber einen Rückruf versprochen hatte, meldet er sich auch innerhalb der zugesagten 20 Minuten bei Herrn Dr. Franke.

Zweites Telefonat zwischen Herrn Wegner und Herrn Dr. Franke

Herr Wegner: „Wegner, hallo, Herr Dr. Franke! Der versprochene Rückruf!"

Herr Dr. Franke: „Ja, hallo, Herr Wegner! Was gibt es neues?"

Der Kunde hat sich in der Zwischenzeit merklich beruhigt, weil er das Gefühl hat, daß man sich um ihn kümmert.

Herr Wegner: „Herr Dr. Franke, mein Ansprechpartner bei der Firma ABC ist erst innerhalb der nächsten Stunde wieder erreichbar. Ich melde mich bei Ihnen, sobald ich mit ihm gesprochen habe!"

Herr Dr. Franke ist von dieser Aussage natürlich nicht begeistert, aber da er sich beruhigt hat, faßt er sich in Geduld und bleibt ruhig.

Nach einer weiteren halben Stunde erreicht Herr Wegner seinen Ansprechpartner Herrn Lehmann und berichtet, ihm was passiert ist. Herr Wegner ist der Kunde von Herrn Lehmann, dennoch schreit er ihn nicht an, sondern reklamiert ruhig. Die beiden kennen sich schon eine Zeitlang, und Herr Wegner weiß, daß er sich auf seinen Zulieferer verlassen kann. Herr Lehmann sagt zu, daß er sich um die Sache kümmert und verspricht eine Problemlösung innerhalb der nächsten Stunde.

Zwischeninformation von Herrn Wegner an seinen Kunden Dr. Franke

Er ruft ihn an, berichtet ihm von dem Gespräch mit Herrn Lehmann und verspricht, sich noch einmal zu melden, sobald er genauere Informationen hat.

Die Vorgehensweise mit der Zwischeninformation erfordert zwar einen gewissen Zeitaufwand, wird aber von den meisten Kunden als sehr positiv empfunden. Der Kunde merkt, daß man sich sehr stark für ihn einsetzt und sich um den Fall kümmert. Das ist besonders wichtig, weil es ja einige Zeit dauert, die neue Tischplatte zu liefern. Erkennt der Kunde Ihren vollen Einsatz, ist er eher bereit sich auf Lösungsvorschläge einzulassen.

Gespräch über die Reklamationsursache und den Lösungsvorschlag

Herr Lehmann meldet sich innerhalb der versprochenen Stunde bei Herrn Werner, um die Reklamationsursache und den Lösungsvorschlag bekanntzugeben. Er teilt ihm mit, daß die Schreibtischplatte nicht sofort lieferbar ist, sondern angefertigt werden muß. Der voraussichtliche Liefertermin ist nächste Woche Dienstag.

Mit dieser Information ausgerüstet ruft Herr Wegner bei Herrn Dr. Franke an.

Herr Wegner: „Wegner, hallo, Herr Dr. Franke. Ich habe gerade mit der Firma ABC gesprochen. Die Ursache für die Falschlieferung ist ein Mißgeschick im Versand bei ABC, die Platte, die für Sie bestimmt war, ist versehentlich zu einem Kunden nach England geschickt worden.“
Herr Dr. Franke schon wieder leicht genervt: „Und was bedeutet das jetzt für mich, Sie wissen doch, daß mein alter Schreibtisch bereits gestern abgeholt wurde. Wann kann ich denn mit einer Lieferung der Platte rechnen?“
Herr Wegner ruhig: „Wir haben zwei Möglichkeiten. Sie wissen das diese Schreibtische nicht auf Lager liegen, sondern Einzelanfertigungen sind. Wir könnten zum einen abwarten, bis die Platte aus England zurück ist. Das kann aber gut und gerne zwei bis drei Wochen dauern!“

Bevor Herr Wegner die zweite Möglichkeit erwähnen kann unterbricht ihn Herr Dr. Franke.

Herr Dr. Franke wieder verärgert: „Was zwei Wochen! Das kann doch wohl nicht wahr sein!“
Herr Wegner beruhigend: „Herr Dr. Franke, mir wäre es auch lieber, wenn ich Ihnen sofort die richtige Tischplatte liefern könnte. Ich habe noch eine weitere Möglichkeit. Die Firma ABC hat mir versichert, sie könne eine neue Tischplatte innerhalb von einer Woche anfertigen und liefern.“

Der Kunde hat nach der ersten Möglichkeit damit gerechnet, daß er wahrscheinlich zwei bis drei Wochen auf seine

Tischplatte warten muß. Nun hat ihm Herr Wegner eine endgültige Problemlösung innerhalb einer Woche angeboten.
Die Chance, daß er diese Lösung akzeptiert, ist damit gestie-
gen. Jetzt geht es nur noch darum, eine Übergangslösung für
diese Woche zu finden.

Herr Dr. Franke: „Und was mach' ich bis dahin? Ich
brauch' doch einen Schreibtisch!"
Herr Wegner: „Am besten wäre es, ich schicke Ihnen
gleich einen Monteur von uns herüber, der erstmal die vorhandene Tischplatte montiert. Dann haben Sie auf jeden Fall
einen gebrauchstüchtigen Schreibtisch."

Herr Dr. Franke läßt sich schließlich darauf ein. Begeistert ist
er natürlich nicht, aber auch nicht mehr wütend. Dennoch
droht er jetzt mit dem Entzug eines möglichen Folgeauftrags.

Herr Dr. Franke enttäuscht: „Gut Herr Wegner, dann machen wir das so. Aber eines muß ich Ihnen noch sagen. Den
besprochenen Folgeauftrag über die Einrichtung der beiden
Konferenzzimmer kann ich Ihnen bei dem Stand der Dinge
nicht mehr versprechen."
Herr Wegner: „Ich finde es auch sehr schade, daß wir
gleich zu Beginn unserer Zusammenarbeit ein Problem haben. Sie können sich aber darauf verlassen, daß ich mich
hundertprozentig darum kümmern werde."

Der Kunde ist zu diesem Zeitpunkt zu Recht enttäuscht, denn
er hatte sich selbstverständlich auf seinen neuen Schreibtisch
gefreut. Daß er an dieser Stelle die weitere Zusammenarbeit
in Frage stellt, ist normal. Dennoch kann man es schaffen,

263

aus diesem frustrierten Kunden wieder einen zufriedenen Kunden zu machen.

Ein Fehler, den wir häufiger beobachten: Kunden, die eine Reklamation hatten, werden nach Beseitigung der Reklamation nur noch ungenügend vom Vertrieb betreut. Das liegt nach Aussage der befragten Vertriebsmitarbeiter daran, daß man glaubt, es hätte sowieso keinen Sinn mehr, sich um derart enttäuschte Kunden zu kümmern. Wie falsch diese Aussage meistens ist, werden Sie am Ende dieser Geschichte erfahren.

Als nächstes kümmert sich Herr Wegner darum, daß so schnell wie möglich eigene Monteure zu Herrn Dr. Franke fahren, um die falsch gelieferte Tischplatte zu montieren, damit dieser wenigstens arbeiten kann. In einem weiteren kurzen Telefonat kündigt er das seinem Kunden an.

Zuliefererverpflichtung durch Herrn Wegner

Der nächste Schritt ist ein erneuter Anruf bei seinem Zulieferer, Herrn Lehmann, mit dem Ziel der Zuliefererverpflichtung und einem weiteren interessanten Aspekt. Herr Lehmann soll dazu beitragen, die etwas beschädigte Glaubwürdigkeit von Herrn Wegner wieder herzustellen. Das Telefonat zwischen Herrn Wegner und Herrn Lehmann läuft so ab:

Herr Wegner: „Wegner, hallo, Herr Lehmann, wie ist der Stand der Dinge?"
Herr Lehmann: "Ich habe folgendes erreicht. Wir werden die Produktion der Tischplatte etwas vorziehen können und

bereits am Montag vormittag nächster Woche die Platte ausliefern."

Jetzt erfolgt die Zuliefererverpflichtung durch Herrn Wegner.

Herr Wegner: „Herr Lehmann, kann ich mich hundertprozentig darauf verlassen, daß Sie mir spätestens am Freitag Bescheid geben, falls es vorhersehbar später wird als Montag vormittag?"

Diese Verpflichtung hilft Herrn Wegner bei der Verfolgung der Reklamation. Das ist besonders dann geschickt, wenn mehrere Reklamationen gleichzeitig bearbeitet werden müssen.

Herr Wegner bemüht sich um die Wiederherstellung seiner Glaubwürdigkeit

Jetzt muß er Herrn Lehmann nur noch dazu bringen, etwas zur Wiederherstellung seiner Glaubwürdigkeit bei Herrn Dr. Franke zu tun.

Herr Wegner: „Herr Lehmann, eine kurze Bitte habe ich noch. Herr Dr. Franke ist verständlicherweise enttäuscht durch diesen Vorfall, und natürlich bringt er in erster Linie mich damit in Verbindung. Ich hätte gern, daß Sie ihm ein kurzes Fax schicken, in dem Sie kurz erklären, wie es dazu gekommen ist."

Diese Vorgehensweise klingt vielleicht etwas ungewöhnlich, funktioniert aber in vielen Branchen hervorragend. Interessanterweise glauben viele Kunden dem Hersteller eher als dem Händler oder Verkäufer eines Produktes, wenn es um Reklamationen geht. Eine zusätzliche Bestätigung durch den Hersteller kann mithelfen, die Glaubwürdigkeit des Verkäufers wiederherzustellen.

Am nächsten Morgen ruft Herr Wegner bei seinem Kunden an, um nachzufragen, ob mit der Montage der falschen Platte alles geklappt hat und um ihm mitzuteilen, daß die richtige Platte am Montag vormittag der nächsten Woche angeliefert wird. Der Kunde hat sich merklich beruhigt. Nach diesem Telefonat bekommt Herr Dr. Franke folgendes Fax von Herrn Lehmann.

Fax des Zulieferers an Herrn Dr. Franke

Schreibtischkombination Diana in Zedernholz
Unsere Lieferung vom ...

Sehr geehrter Herr Dr. Franke,

wir möchten uns mit diesem Schreiben für die entstandenen Unannehmlichkeiten im Zusammenhang mit der Lieferung von gestern entschuldigen.

Aufgrund einer Verwechslung im Versand ist durch uns eine falsche Tischplatte an Sie geliefert worden.

Wir werden die Tischplatte für Sie neu anfertigen, da
Ihre Tischplatte versehentlich zu einem Kunden
nach England geliefert worden ist und die
Rücklieferung etwa drei Wochen dauern würde.

Die Anlieferung der neuen Platte wird am Montag
vormittag nächster Woche durch unsere Spedition
erfolgen.

Wir bedanken uns für Ihr Verständnis.

Mit bestem Gruß

H. Lehmann

Dieses Fax trägt sicherlich dazu bei, die Glaubwürdigkeit
von Herrn Wegner wieder herzustellen.

Die Zulieferermotivation des Herrn Lehmann

Am Freitag informiert Herr Lehmann, wie versprochen,
Herrn Wegner und sagt die Anlieferung der Tischplatte für
Montag vormittag zu. Damit ist dieser Fall aber noch nicht
abgeschlossen. Am Montag mittag bekommt Herr Wegner
einen weiteren Anruf von Herrn Lehmann, in dem er ihm
mitteilt, daß die richtige Platte montiert und Herr Dr. Franke
sehr zufrieden sei.

Sie werden vielleicht denken: „Mein Gott, hat der ein
Glück mit seinem Zulieferer, solche Lieferanten möchte ich
auch gerne haben." Diese Form der Zusammenarbeit entsteht
nicht automatisch, sondern ist ein Prozeß aus Zuliefererver-

267

pflichtung und Zulieferermotivation, denn Herr Wegner ruft nicht nur bei Herrn Lehmann an, wenn er eine Reklamation hat. Er ruft ihn auch an, wenn etwas sehr gut geklappt hat. Daher ist Herr Lehmann eher bereit, Herrn Wegner so schnell wie irgend möglich zu helfen, wenn Probleme auftauchen. Er möchte sich diesen netten Kunden eben nicht verderben.

Follow-up-Gespräch zwischen Herrn Wegner und Herrn Dr. Franke

Die richtige Schreibtischplatte ist geliefert – der Kunde zufrieden. Endet damit die Reklamationsbehandlung? Nein! Sie wissen es aus Kapitel 4, daß noch ein sehr wichtiger Punkt fehlt.

Herr Wegner hat zwar von seinem Zulieferer gehört, daß alles in Ordnung und Herr Dr. Franke vollauf zufrieden ist. Dennoch läßt er es sich geschickterweise nicht nehmen, selbst noch einmal bei seinem Kunden anzurufen, um ein Follow-up-Gespräch zu führen.

Herr Wegner: „Tag, Herr Dr. Franke, ich wollte mich nur noch einmal erkundigen, ob mit dem Schreibtisch jetzt alles in Ordnung ist."

Herr Dr. Franke: „Schön, daß Sie sich noch einmal melden, Herr Wegner! Es ist alles zu meiner Zufriedenheit erledigt worden. Der Schreibtisch sieht wirklich super aus, Sie haben mich damals gut beraten."

268

Kein Mensch kann leugnen, daß ihm Lob guttut. Holen Sie sich diese Motivation von Ihren Kunden, nachdem Sie eine Reklamation erfolgreich abgeschlossen haben.

Herr Wegner: „Das freut mich wirklich, Herr Dr. Franke."

Herr Wegner hat natürlich nicht vergessen, daß sein Kunde ursprünglich noch zwei Konferenzräume mit ihm einrichten wollte. Er spricht ihn aber nicht direkt darauf an, sondern wartet erst einmal ab, ob Herr Dr. Franke von allein darauf zu sprechen kommt. Falls nicht, würde er ihn darauf ansprechen. Herr Wegner hat Glück.

Herr Dr. Franke: "Herr Wegner, unsere Zusammenarbeit hat ja gleich mit einem Problem angefangen. Dennoch bin ich von der Art und Weise, wie Sie sich um meine Reklamation gekümmert haben, wirklich sehr angetan. Wann können Sie denn mal vorbeikommen, damit wir über die beiden Konferenzzimmer sprechen können?"

Professionelles Verhalten im Reklamationsfall zahlt sich aus!

Die Behandlung dieser Reklamation hat Herrn Wegner alles in allem fast sechs Stunden Arbeitszeit gekostet. Hat sich dieser Aufwand gelohnt? Dazu sei zuvor noch bemerkt: Der Preis für die Schreibtischkombination lag bei 25000 DM.
Dieser Aufwand hat sich mehr als gelohnt:

- Aufgrund der professionellen Reklamationsbearbeitung hat der Kunde den vollen Kaufpreis bezahlt und nicht wie im Eifer der ersten Aggression angedroht, den Preis gemindert.
- Der Verkäufer hat einen fast schon verlorenen Folgeauftrag über etwa 46000 DM bekommen.
- Der Verkäufer hat einen echten Stammkunden gewonnen.

Sie kennen bestimmt die alte, aber richtige Regel: Es ist fünfmal teurer einen neuen Kunden zu gewinnen, als einen bestehenden Kunden zu halten.

Dieser Reklamationsfall liegt mittlerweile einige Jahre zurück. Vor kurzem traf ich im Rahmen eines Seminars Herrn Wegner wieder und fragte ihn natürlich, was denn aus Herrn Dr. Franke geworden sei. Die Antwort freute mich für Herrn Wegner, auch wenn sie mich nicht überraschte.

Herr Dr. Franke ist Vorsitzender eines Industrieverbandes. Über Empfehlungen hat Herr Wegner durch ihn in den letzten Jahren 36 Neukunden gewinnen können, mit einem Gesamtumsatz von annähernd 2,5 Millionen DM.

Professionelles Verhalten im Reklamationsfall zahlt sich eben aus! Der Kunde wird sich an Sie erinnern, wenn Sie sich um ihn kümmern, insbesondere dann, wenn er Probleme hat.

Zum Schluß

So, damit sind wir am Ende dieses Buches angelangt. Ich würde mich freuen, wenn auch Ihnen dieses Buch dabei hilft, besser mit Reklamationen umzugehen.

Legen Sie dieses Buch nicht zu weit weg, nutzen Sie es auch als Nachschlagewerk. Setzen Sie die beschriebenen Vorgehensweisen nach und nach in der Praxis um.

Denken Sie auch an meinen Tip, ab und zu ein Reklamationsgespräch aufzuzeichnen (nur das, was Sie sagen), um zu kontrollieren, wie Ihre Fortschritte bei der Behandlung von Reklamationen aussehen.

Und denken Sie vor allen Dingen daran, daß es immer besser bzw. ungefährlicher ist, wenn der Kunde reklamiert, als wenn er nicht reklamiert und einfach wegbleibt.

Ich bedanke mich für Ihre Aufmerksamkeit. Vielleicht lernen wir uns ja einmal persönlich kennen, auf einem Seminar der Deutschen Vertriebsberatung.

Bis dahin alles Gute

Ihr Ulrich Dietze

Anhang

Die Deutsche Vertriebsberatung stellt sich vor

Die Deutsche Vertriebsberatung wurde am 3.1.1992 gegründet und ist ein Verbund von mehreren Trainern mit verschiedenen Spezialgebieten.

Unser Hauptaufgabengebiet ist die Durchführung von etwa 400 offenen Seminaren pro Jahr bundesweit zu folgenden Themen:

1. Perfekter Umgang mit Kunden – vom Kunden zum Stammkunden
2. Vertriebsorientiertes Verhalten am Telefon – neue Kunden gewinnen, Anfragen nutzen
3. Professionelles Verhalten auf dem Messestand – die Messe als Verkaufsplattform
4. Mehr verkaufen durch aktives Empfehlungsgeschäft – Spezialseminar für Verkäufer
5. Reklamationen professionell behandeln – Kunden- und Imageverluste vermeiden
6. So gewinnt man Preisverhandlungen – Spezialseminar für Verkäufer
7. Perfekt an Telefonzentrale und Empfang – Spezialseminar für Zentrale und Empfang

Der Anspruch unserer Seminare ist das Vermitteln von Fähigkeiten und Techniken, die sofort in die Praxis umsetzbar sind.

Neben offenen Seminaren entwickeln wir auch firmeninterne Trainingsprogramme und setzen diese erfolgreich um. Unser Anspruch bei firmenspezifischen Schulungen ist neben der direkten Umsetzbarkeit, eine permanente Anwendung der Trainingsinhalte durch die Mitarbeiter im Kundenunternehmen.

In diesem Zusammenhang haben wir in den letzten Jahren ein Trainingsmodell entwickelt, welches sicherstellt, daß bestimmte Schulungsinhalte und Verhaltensweisen von den Teilnehmern langfristig und dauerhaft umgesetzt werden.

Sollten Sie zu diesem Thema weitere Informationen benötigen, stehen wir Ihnen gerne zur Verfügung.

Rufen Sie uns an, oder schicken Sie uns einfach ein Fax:

DV Deutsche Vertriebsberatung GmbH
Ulrich Dietze
Telefon: 02104-958420
Telefax: 02104-958422

Wir freuen uns, von Ihnen zu hören.

Mit besten Grüßen

Deutsche Vertriebsberatung
Ulrich Dietze

Literaturverzeichnis

Barlow, J./Moller, C.: Eine Beschwerde ist ein Geschenk. Der Kunde als Consultant, München 1996

Freemantle, D.: Der Kunde – König oder Bittsteller?, 2. Aufl., Landsberg am Lech 1997

Gamber, P.: Kundenbeschwerden und Reklamationen konfliktfrei behandeln. Methoden Tips und Übungen für einen besseren Umgang mit schwierigen Kunden, Renningen 1997

Geffroy, E. K.: Clienting. Kundenerfolge auf Abruf jenseits des Egoismus, 3. Aufl., Landsberg am Lech 1997

Geffroy, E. K.: Das einzige was stört ist der Kunde. Clienting ersetzt Marketing und revolutioniert verkaufen, 9. Aufl., Landsberg am Lech 1997

Gummeson, E.: Relationship-Marketing: Von 4 P zu 30 R. Wie Sie von den 4 Marketingprinzipien zu den 30 Erfolgebeziehungen gelangen, Landsberg am Lech 1997

Leicher, R./Krieger, F.: In Reklamationen stecken Chancen. Verhandlungstechniken und Rechtsgrundlagen, Heidelberg 1993

Nagel, K./Rasner, C.: Herausforderung Kunde. Neue Dimensionen der kunden- und marktorientierten Unternehmensführung, Landsberg am Lech 1993

Stauss, B./Seidel, W.: Beschwerdemanagement. Fehler vermeiden, Leisrung verbessern, Kunden binden, München 1996

Whiteley, R./Hessan, D.: Wachstumsmotor Kunde. Fünf paraxiserprobte Strategien für langfristige Kundenzufriedenheit, maximalen Profit und gesundes Wachstum, Landsberg am Lech 1996

Stichwortverzeichnis

A

ABC-Methode 51
Abschluß, positiver, einer Re-
    klamation 135
Abspannphase 28, 97
Angriffe, verbale 49, 52
Aufkündigung der Zusammen-
    arbeit 106
Aufmerksamkeit 20, 25, 94
Auftragsbestätigung 212, 214

B

Begrüßung(s-)
-am Telefon 29
-im persönlichen Gespräch 28
-phase 28, 29, 39, 80
Behauptungen, negative 52
Beleidigungen, persönliche 59
Beschwerde über Kollegen und
    Mitarbeiter 237
Bestätigung
-schriftliche 226
-durch den Hersteller 266
Bestellfax 211

D

Dampf ablassen 45

E

Ehrlichkeit 21, 23
Eingangsbestätigung 148, 151
Erreichbarkeit, gute 16
Erscheinungsbild, eigenes 43
Erstreklamation, vorprogram-
    mierte 195
Erwartungshaltung 94 ff.

F

Fach-
-kompetenz 20
-wissen 242
Falsch-
-bestellung durch den Kunden
    210
-lieferungen 179
Fehler, selbstverursachte 212
Fehlverhalten von Mitarbeitern
    im Kundenunternehmen 210
Follow-up-Gespräche 135, 139,
    141, 145
-Nachteile der 145
-Vorteile der 136
Formulierung 199
-eingefahrene 206
-positive 199 ff.
Fragen, offene 55
Freundlichkeit 17, 24, 38, 39

G

Gesprächsebene, sachliche 83, 157

Gewissen

-destruktives schlechtes 217

-konstruktives schlechtes 219

H

Habachtstellung 65, 81, 202

Hilfe, schnelle 20

I

Informationsfluß, mangelnder 210

Interesse 20, 25, 94

K

Kollegen-

-motivation 175

-verpflichtung 174

Konfliktbereinigung(s-) 76

-Fehler bei der 258

-phase 28, 68, 80, 156

Konkurrenz, Wechsel zur 113

Kulanz(-)

-entscheidungen 234

-forderungen, unberechtigte 233

-vorschlag 234

-zusage, veränderte 234

Kunde(n-) 140

-beurteilung 41

-bindung(s-) 112, 180, 191

--instrumente 138

-drohung 103

--mit dem Anwalt 103

--mit den Medien 103, 124

--mit Regreß- und Folgekosten 103

--mit Stornierung des Auftrags 103

--mit Zahlungsverweigerung 103, 126

--Umgang mit der 103

--zu wechseln 109

-erziehung 140

-forderungen, berechtigte und unberechtigte 227

-ist immer König 18

-komfort 43

-manipulation 195

-name 34, 35

-schüchterner oder zurückhaltender 243

-separation 42

-Umgang mit aggressiven 247

-verärgerte 42, 68

-verlust 113

--Gründe für den 183

-unaufmerksamkeit 212

-verlorene(n) 117

--Kontakt halten zu 116

--Zurückgewinnung der 117

-verpflichtung 98 ff.

L

Leistungszusagen, übertriebene 129

Liefer-

278

-termin 211
-verzug 179, 212
Lösungspräsentation 90, 97

M
Mahnverhalten
-falsches oder ungeschicktes
 249
-gutes 252
Medien 124
-Pseudoaufklärung der 131
Meldeformen 31
Meldung
-am Telefon 30, 34
-freundliche 33
Mißverständnisse beim Kunden
 210
Motivation 180
-der Kollegen 175
-der Zulieferer 175, 268

N
Name des Kunden 34, 35

P
Problemlösung(s-) 20, 81 f,
 86, 90, 93 f., 99, 129, 157 f.,
 196
-phase 28, 97
-präsentation 90, 97
-vorschläge 90, 97, 99, 109,
 261
-wiederholung 155, 156
Propaganda, negative 118, 246

Q
Querulanten, notorische 184

R
Rabatt(e-) 227
-und Kulanzen-Grundregeln
 229, 233
-verhandlungen 235
Ratenzahlung 254
Reaktion(s-), schnelle 17, 24
-erwartung 149
Rechnungsabzug 126, 129
Reklamation(s-) 98
-abteilung 205
-behandlung 191, 193 f.
-erfassung 165
-- Formular zur 165, 168
-gespräch(s-) 102
--fünf Phasen eines professionellen 27
--leitfaden 27
-hergang 82 f.
--Fragen zum 82
--Informationen zum 84
-hintergrund 83
-patenschaft 48
-schriftliche(n) 147, 152
--Leitfaden für die schriftliche
 Beantwortung einer 152
--Reaktionszeit auf die 147
-unberechtigte 209, 214, 220
-ursache(n) 192
--Analyse von 176
--Beseitigung der 136
-vermeidung 171

279

--firmeninterne Workshops zur
  177
Rückruf(-) 86, 88, 100
-wunsch 100
-zusage 90

S
Schlußformulierung 160
Schulungen 179
Schuld-
-frage 222 f.
-zuweisung, direkte
Stammkunden 117, 193
Streß-
-bewältigung 139
-vermeidung 140

T
Telefonzentrale 74
Tips, spezielle 181

U
Unaufmerksamkeit des Kunden
  212
Unzulänglichkeiten, kleine 244

V
Verbinden 47
Verhalten, kulantes 21
Verständnis(-) 20, 97, 102

-bereitschaft 76
-ehrliches 70, 94
Verstärker, sprachliche 197
Vertrauen(s-)
-verlust 135
-Zurückgewinnung des verlore-
  nen 145
Vorabinformation 47
-Fax zur 173

W
Wechsel zur Konkurrenz 113
Willkommen fühlen 21, 25

Z
Zahlung(s-)
-in Raten 254
-schwierigkeiten 254
-verweigerung 126, 129, 249
-verzug 254
-ziele 254
Zuhör-und Aggressionsab-
  bauphase 28, 45, 80
Zulieferer(-) 195
-motivation 175, 268
-verpflichtung 99, 174, 264, 267
Zusammenarbeit, Beendigung
  der 104, 106
Zusatzumsätze 143, 145
Zwei-Gespräche-Methode 87,
  90, 214
Zwischeninformation 17, 24
Zwischenlösung 131